KB116499

진짜
쓸모 있는
영어회화

진짜 쓸모 있는 영어회화

지은이 서메리
펴낸이 임상진
펴낸곳 (주)넥서스

초판 1쇄 발행 2021년 6월 21일
초판 7쇄 발행 2024년 5월 20일

출판신고 1992년 4월 3일 제311-2002-2호
주소 10880 경기도 파주시 지목로 5
전화 (02)330-5500 팩스 (02)330-5555

ISBN 979-11-6683-079-2 13740

가격은 뒤표지에 있습니다.
잘못 만들어진 책은 구입처에서 바꾸어 드립니다.

www.nexusbook.com

일상생활에서 **꼭 필요한** 영어 표현

진짜 쓸모 있는 영어회화

글·그림 **서메리**

넥서스

머리말

초등학교에 입학하면서부터 '영어 공부'를 시작했으니까, 제가 영어라는 언어를 붙잡고 산 지도 어느새 20년이 훌쩍 넘었습니다. 알파벳이라는 문자를 처음 보았던 유치원 시절까지 더하면 그 기간은 더 길어질 것이고, '솔직히 초등학교 공부는 공부도 아니다'라고 생각한다면 몇 년쯤 줄어들겠지요. 하지만 그 시작점을 어디로 잡든 제가 인생의 대부분에 해당하는 긴 시간을 영어에 투자했다는 사실은 변하지 않습니다. 대학에서 영문학을 전공하기까지 했으니 저는 객관적으로 봐도 영어에 상당히 조예가 깊어야 마땅한 사람이죠.

하지만 이상하게도 저는 영어를 잘하지 못했습니다. 회사원으로 일하던 시절, 외국인 클라이언트에게 이메일이라도 써야 할 때면 손바닥에 땀부터 났습니다. 말로 하는 회화는 더 어려웠죠. 사실 그때까지만 해도 저는 제 영어 실력이 얼마나 형편없는지 잘 몰랐습니다. 어쨌든 제 일의 대부분은 우리말로 하는 업무였고, 가끔 찾아오는 당혹스러운 순간만 잘 넘기면 큰 문제 없이 지낼 수 있었으니까요.

제가 사태의 심각성을 깨달은 건 2015년 출판 번역가의 꿈을 안고 퇴사를 하면서부터였습니다. 스스로 완벽하지 않다는 건 알았지만 그 정도로 부족할 줄은 몰랐어요. 영어가 어렵고 불편하면서도 내심 '그래도 영문과 출신인데', '토익이 OOO점인데'라고 착각했는지도 모르겠습니다. 하지만 조금 공부해서 보완하면 되리라는 제 어설픈 자만심은 냉정한 프로의 세계 앞에서 완전히 무너졌죠.

영어 공부를 처음으로 시작한 건 8살 무렵, 어쩌면 그보다 더 전이겠지만 저는 진짜 영어 공부를 시작한 시점이 그 2015년의 여름이라고 생각합니다. 태어나서 처음으로 점수를 따기 위해, 문제를 맞히기 위해서가 아니라 영어라는 언어를 진짜 이해하고 활용하기 위해 공부를 하면서 많은 깨달음을 얻었습니다. 그중에서도 가장 큰 깨달음을 꼽자면 영어를 잘하기 위해 최대한 한국어의 프레임에서 벗어나야 한다는 사실이었어요.

가령 우리는 어떤 단어를 배울 때 우리말로 된 정의를 달달 외우는 데 익숙하죠. apple은 사과, tree는 나무, 이런 식으로요. 하지만 이런 프레임 안에서 영어를 익히면 여러 가지 부작용이 발생할 수밖에 없어요. 미묘한 뉘앙스를 이해하기도 힘들 뿐더러, 영어를 할 때마다 일단 한국어를 먼저 떠올려야 하는 만큼 시간이 너무 많이 걸리거든요. 마트에서 사과를 살 때마다 '사과가 영어로 뭐였지? 그래, apple이었지. 그럼 apple을 달라고 해야 하는데, 달라는 표현이 영어로 뭐였더라?'라는 식으로 긴 생각이 필요하다면 애초에 영어로 소통이 가능할 리 없겠죠.

영어를 제대로 공부하려면, 그중에서도 회화 실력을 키우려면 무엇보다 먼저 개념과 영어 표현을 직접적으로 연결하는 훈련이 필요합니다. 빨갛고 새콤달콤한 과일이 머릿속에 떠오르면 일단 '사과'라고 생각한 뒤 'apple'이라고 번역하는 것이 아니라 자동적으로 'apple'이라는 단어가 떠올라야 하는 거예요. 이 책에 실린 영어 단어들을 한글 정의 대신 그림으로 설명한 이유가 바로 여기에 있습니다. 저는 단순한 그림을 통해 개념과 영어 표현을 다이렉트로 연결하고, 이렇게 학습한 단어를 각 상황에 맞는 문장으로 발전시키면서 학습자분들이 최대한 영어의 프레임 안에서 영어를 익힐 수 있도록 하고 싶었어요. 어떻게 하면 더 직관적으로 의미를 전달할 수 있을까, 고민에 고민을 거듭하며 열심히 구상한 삽화와 카툰과 단어와 문장들이 여러분에게 영어를 그 자체로 받아들이는 마중물 역할을 해 준다면 더 바랄 나위가 없을 거예요.

평생의 로망인 동시에 애증의 대상인 영어, 이제는 정말로 내 것으로 만들고 싶지 않으세요? 만약 그렇다면 우리말의 방패를 내려놓고 영어를 있는 그대로 한 번 바라봐 주세요. 생각보다 친근하고 매력적인 영어의 모습을 확인할 수 있을 거예요. 그렇게 조금씩 영어와 친분을 쌓아 가다 보면 어느새 영어로 듣고 말하고 또 생각하는 나 자신을 발견하게 될 거예요.

저자 **서메리**

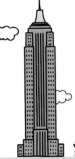

쓸모 있는 활용법

▶ 35가지 상황별 표현 총정리

우리가 일상생활에서 접할 수 있는 35가지의 표현을 정리하였습니다.
단순히 머릿속으로 생각만 하는 게 아니라 간단한 표현이라도 직접 말하는 연습을 해 보세요.

상황별 핵심 표현

상황별로 가장 필요한 표현을 제목으로 선정하였습니다. 먼저 우리말로 해당 표현을 생각해 보고 영어 표현을 확인해 보세요.

무조건 쓰게 되는 회화 표현

핵심 대화 표현을 수록하였습니다. 이 표현만 익혀도 기본적인 표현을 말할 수 있습니다.

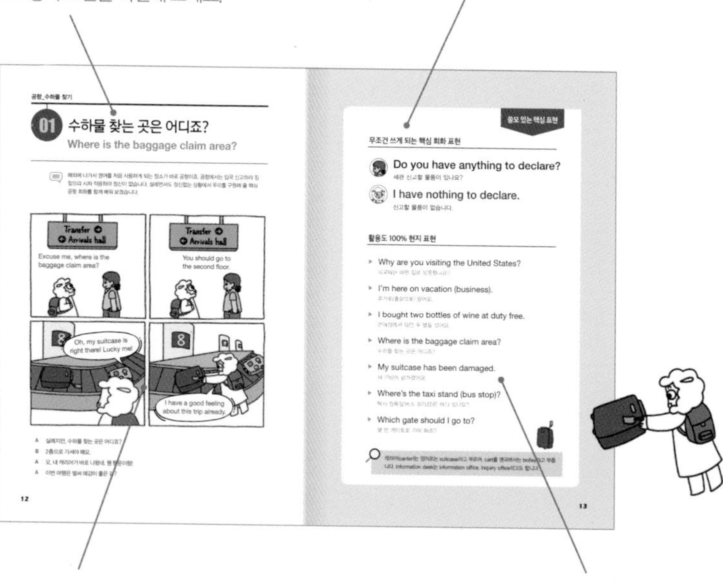

그림으로 이해하는 다양한 상황 표현

그림을 통해 다양한 상황에서 어떻게 말해야 하는지 쉽게 이해할 수 있도록 구성하였습니다. 머릿속에 표현이 더 오래 남도록 암기해 보세요.

활용도 100% 현지 표현

한 번씩은 꼭 쓰게 되는, 100% 활용 가능한 표현을 수록하였습니다. 단어만 바꿔 넣으면 다양한 표현들을 말할 수 있습니다.

▸ 100% 활용 가능한 필수 단어

앞에서 배운 표현을 단어만 바꿔 응용해 보세요.
다양한 단어를 삽화를 통해 직관적으로 이해할 수 있도록 하였습니다.

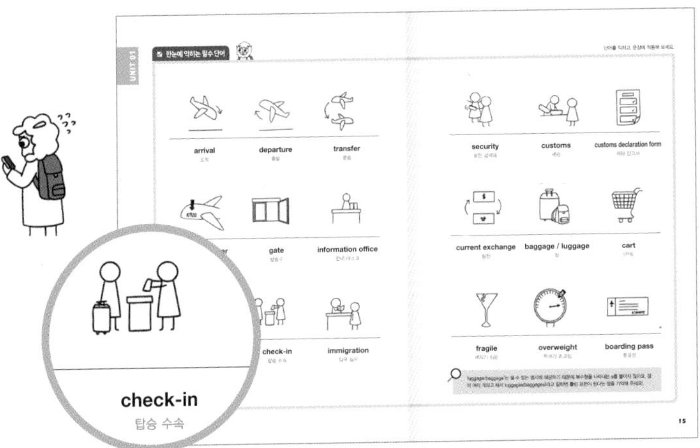

MP3 & 저자 강의 듣는 방법

1 QR코드 이용

휴대폰에서 QR코드 리더기로
다음 QR코드를 인식하면
이 책의 MP3와 강의를 한 번에
들을 수 있는 페이지가 나옵니다.

MP3 + 강의

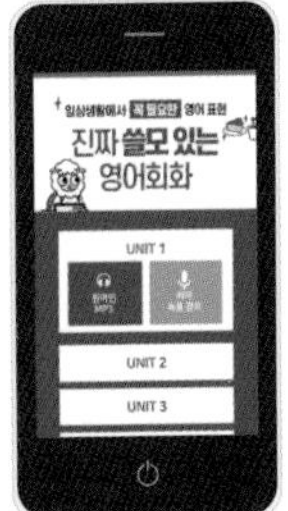

2 넥서스 홈페이지 이용

컴퓨터로 www.nexusbook.com에 접속하면 압축된 MP3 파일을
한 번에 다운받을 수 있습니다.

목차

다음 순서로 공부해 보세요.

1 그림을 보며 자연스럽게 대화 표현을 익힌다.

실제 상황에 맞는 그림과 함께 핵심 표현을 학습합니다. 소리를 내어 따라 말해 보세요.

2 다양한 활용 표현 및 단어로 표현을 확장한다.

하나의 표현만 학습하는 게 아니라 활용 표현 및 단어로 학습해 보세요. 그림과 함께 단어를 학습하며 확실하게 머릿속에 기억할 수 있습니다.

3 원어민 MP3와 저자 강의를 들으며 복습한다.

원어민 MP3를 통해서 정확한 발음을 익히고 저자의 해설 강의를 통해서 부족했던 부분들을 채우며 복습할 수 있습니다. 원어민 MP3는 반복해서 들어 보세요.

MP3 + 강의

4 리뷰 테스트를 통해서 핵심 표현을 암기한다.

Unit 5개마다 있는 리뷰 테스트를 통해서 핵심 표현을 실제로 말할 수 있는지 꼭 체크해 보세요.

Unit 01~05

01 수하물 찾는 곳은 어디죠?

Where is the baggage claim area?

해외에 나가서 영어를 처음 사용하게 되는 장소가 바로 공항이죠. 공항에서는 입국 신고하랴 짐 찾으랴 시차 적응하랴 정신이 없습니다. 설레면서도 정신없는 상황에서 우리를 구원해 줄 핵심 공항 회화를 함께 배워 보겠습니다.

A 실례지만, 수하물 찾는 곳은 어디죠?

B 2층으로 가셔야 해요.

A 오, 내 캐리어가 바로 나왔네. 웬 행운이람!

A 이번 여행은 벌써 예감이 좋은걸!

쓸모 있는 핵심 표현

무조건 쓰게 되는 핵심 회화 표현

Do you have anything to declare?

세관 신고할 물품이 있나요?

I have nothing to declare.

신고할 물품이 없습니다.

활용도 100% 현지 표현

▶ Why are you visiting the United States?
미국에는 어떤 일로 방문했나요?

▶ I'm here on vacation (business).
휴가로(출장으로) 왔어요.

▶ I bought two bottles of wine at duty free.
면세점에서 와인 두 병을 샀어요.

▶ Where is the baggage claim area?
수하물 찾는 곳은 어디죠?

▶ My suitcase has been damaged.
제 가방이 망가졌어요.

▶ Where's the taxi stand (bus stop)?
택시 정류장(버스 정거장)은 어디 있나요?

▶ Which gate should I go to?
몇 번 게이트로 가야 하죠?

캐리어(carrier)는 영어로는 suitcase라고 부르며, cart를 영국에서는 trolley라고 부릅니다. information desk는 information office, inquiry office라고도 합니다.

☑ 한눈에 익히는 필수 단어

arrival
도착

departure
출발

transfer
환승

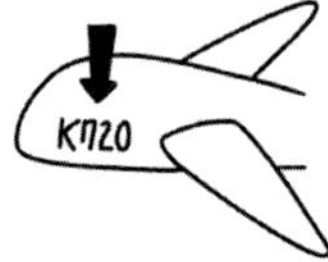

flight number
항공편

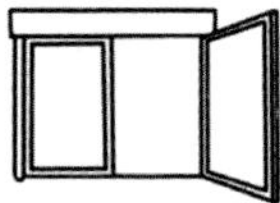

gate
탑승구

information office
안내 데스크

passport
여권

check-in
탑승 수속

immigration
입국 심사

security
보안 검색대

customs
세관

customs declaration form
세관 신고서

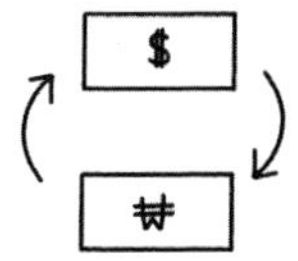

current exchange
환전

baggage / luggage
짐

cart
카트

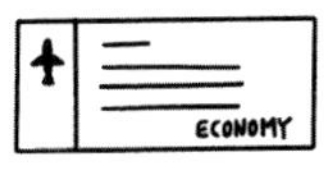

fragile
깨지기 쉬운

overweight
무게가 초과된

boarding pass
항공권

'luggage/baggage'는 셀 수 없는 명사에 해당하기 때문에 복수형을 나타내는 s를 붙이지 않아요. 짐이 여러 개라고 해서 luggages(baggages)라고 말하면 틀린 표현이 된다는 점을 기억해 주세요!

 기내식을 놓칠 순 없지.

I can't miss an in-flight meal.

밥도 먹고, 영화도 보고, 기내 면세품도 사고! 좌석에 앉아서 온갖 일들을 할 수 있는 곳이 비행기잖아요. 그런 만큼 승무원 분에게 질문하거나 도움을 요청해야 할 일도 많은데요. 이럴 때 꼭 알아야 할 필수 회화 문장과 단어를 함께 익혀 봅시다.

A 실례합니다. 혹시 기내식은 언제 나오나요?

B 1시간 안에 나올 거예요.

A 저녁 먹을 시간에 깨워 주실 수 있나요? **B** 그럼요.

A 아무리 졸려도 기내식을 놓칠 순 없지.

쓸모 있는 핵심 표현

무조건 쓰게 되는 핵심 회화 표현

Can I get a glass of water, please?

물 한 잔 주시겠어요?

Sure. I'll get it for you now.

네. 지금 가져다 드릴게요.

활용도 100% 현지 표현

▶ Would you help me find my seat?

좌석 확인을 도와주시겠어요?

▶ What kind of drinks do you have?

어떤 음료가 있나요?

▶ What time will the in-flight meal be served?

기내식은 언제 나오나요?

▶ May I recline my seat?

의자를 젖혀도 될까요?

▶ I'd like to buy something from in-flight duty-free.

기내 면세품을 구입하고 싶은데요.

▶ Can I have one (more) arrival card?

입국 신고서 한 장만 (더) 주시겠어요?

▶ How long before we land?

도착까지 얼마나 남았나요?

'기내'는 in-flight라고 해요. 이 표현으로 여러 기내 활동을 말할 수 있어요. 기내 서비스(in-flight service), 기내 잡지(in-flight magazine) 등으로 응용할 수 있습니다.

☑ 한눈에 익히는 필수 단어

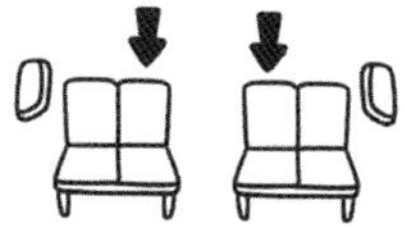

aisle (seat)
복도 (좌석)

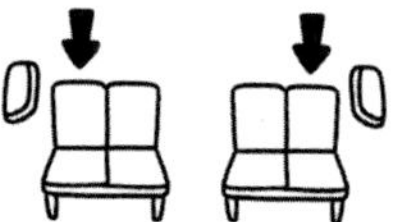

window (seat)
창가 (좌석)

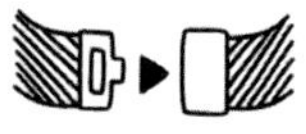

seatbelt
안전벨트

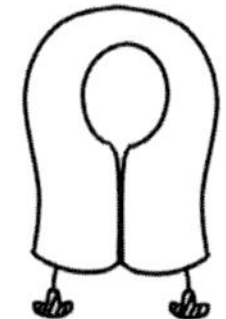

life jacket
구명조끼

emergency exit
비상용 출구

blanket
담요

overhead bin
짐칸

carry-on baggage
기내 수하물

captain
기장

flight attendant
승무원

passenger
승객

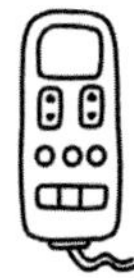

remote control
리모컨

call button
승무원 호출 버튼

in-flight meal
기내식

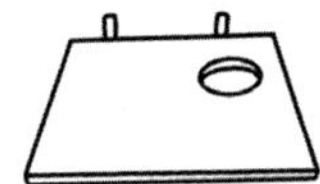

tray table
접이식 테이블

in-flight duty-free goods
기내 면세품

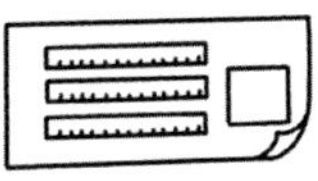

arrival card
입국 신고서

airsickness
비행기 멀미

승무원은 flight attendant 외에도 crew, cabin crew, cabin attendant 등 다양한 표현이 있지만, 우리나라에서 많이 쓰이는 '스튜어디스(stewardess)'는 실제 회화에서 거의 쓰이지 않아요.

꼼꼼히 포장해 주세요.

Please wrap it well.

면세점 찬스를 적절히 활용하면 좋은 물건들을 훨씬 저렴한 가격에 살 수 있죠? 환전과 면세 한도 확인을 비롯한 다양한 표현을 잘 익혀서 duty-free store(면세점)의 장점을 최대한으로 누려 보세요!

The duty-free allowance for alcohol is two bottles.
Liquor & T

Liquor & T
I'll take this. Please wrap it well.

Please do not open it before you board the plane.
Liquor & T
Okay.

I'll have a fancy cocktail dinner with it!
Duty Free

A 주류 면세 한도는 2병입니다.

B 이걸로 살게요. 꼼꼼히 포장해 주세요.

A 탑승 전에는 개봉하지 마세요. **B** 네.

B 이 술로 멋진 칵테일 디너를 만끽해야지!

무조건 쓰게 되는 핵심 회화 표현

Do you accept Korean Won?

한국 돈도 받으시나요?

Yes, we accept Korean Won.

네, 한국 돈도 받습니다.

활용도 100% 현지 표현

▶ May I check your passport and boarding pass?
여권과 탑승권을 확인할 수 있을까요?

▶ What is the duty-free allowance for alcohol?
주류 면세 한도는 얼마만큼인가요?

▶ You can buy up to two bottles.
최대 두 병까지 구매할 수 있어요.

▶ Can I carry it on board?
비행기에 가지고 탈 수 있나요?

▶ You can pick up your purchase at the gate.
구매하신 물품은 게이트에서 받으실 수 있어요.

▶ What's the exchange rate for dollars to won?
달러 가격을 원으로 환산하면 얼마가 되나요?

▶ Please wrap it well.
꼼꼼히 포장해 주세요.

tax는 넓은 범위에서 모든 세금을 가리키고, duty는 보다 좁은 범위의 물건 구매에만 붙는 세금이에요. 'duty'가 들어갈 자리에 'tax'를 붙여도 의미가 통한답니다.

☑ 한눈에 익히는 필수 단어

duty-free store
면세점

duty-free item
면세품

duty-free allowance
면세 한도

tax exemption rates
면세 할인율

liquor
주류

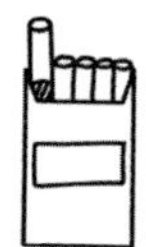

tobacco
담배

accessory
액세서리

purchase limit
구매 한도

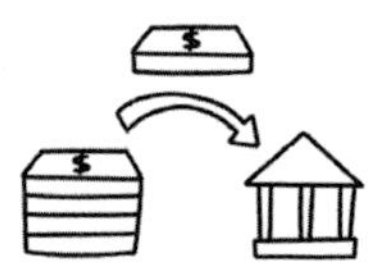

tax
세금

tax return
세금 신고

discount coupon
할인 쿠폰

souvenir
기념품

online duty-free (shop)
인터넷 면세점

pre-order
사전 주문

pick up
(주문품을) 수령하다

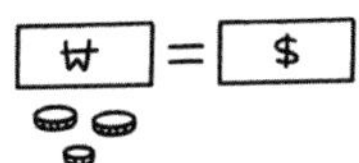

exchange rate
환율

currency exchange office
환전소

open
개봉하다

'기념품'을 뜻하는 souvenir는 프랑스어에서 유래한 어휘로, 발음이 까다로운데요. 발음 기호로는 [suːvənɪr]가 되는데 'sou–ve–nir'라고 끊어 읽는다고 생각하면서 각 음절을 정확히 발음해 주세요!

따뜻한 아메리카노 한 잔 주세요.

Can I get a hot Americano?

우리나라에도 수많은 카페가 있는 만큼 커피나 음료와 관련된 영어 표현에 익숙하다고 생각하는 분들이 많아요. 하지만 우리가 흔히 쓰는 '아이스커피'나 '컵 홀더' 같은 표현은 원어민들은 쓰지 않습니다. 카페와 관련된 진짜 쓸모 있는 표현을 함께 배워 봐요!

A 주문하시겠어요?

B 아이스 아메리카노 한 잔 주세요. 스몰 사이즈로요.

B 오, 빨대는 안 주셔도 돼요.

B 요즘 플라스틱 쓰레기를 줄이려고 노력 중이거든요.

쓸모 있는 핵심 표현

무조건 쓰게 되는 핵심 회화 표현

What can I get for you?

주문하시겠어요?

Can I get a hot Americano?

따뜻한 아메리카노 한 잔 주세요.

활용도 100% 현지 표현

▶ What kind of fresh juices do you have?
생과일주스는 어떤 종류가 있나요?

▶ Small, please.
스몰 사이즈로 주세요.

▶ Can you make it extra hot?
아주 뜨겁게 해 주세요.

▶ Can you put a sleeve on it?
컵 홀더 씌워 주세요.

▶ I want to add an iced Americano.
아이스 아메리카노 한 잔 추가할게요.

▶ I want to cancel the iced Caramel Macchiato.
아이스 캐러멜마키아토는 취소할게요.

▶ Do you have a stamp card?
도장 적립 카드가 있나요?

우리가 쓰는 표현인 '휘핑크림(whipping cream)'은 콩글리시예요. 원어민들은 크림 앞에 'whipping'이 아니라 'whipped'라는 단어를 붙인답니다.

☑ 한눈에 익히는 필수 단어

Americano
아메리카노

latte
라테

coffee beans
원두

fresh juice
생과일주스

hot
따뜻한

iced
차가운(아이스)

bitter
씁쓸한

sweet
달콤한

strong
진한

mild
연한

syrup
시럽

whipped cream

휘핑크림

carrier
음료용 캐리어

straw
빨대

sleeve
컵 홀더

lid
컵 뚜껑

stamp card
도장 적립 카드

free drink
무료 음료

많은 학습자들이 아메리카노의 발음을 America와 똑같은 강세를 적용해서 aMEricano라고 발음하는데, 'americano'는 스페인어에서 유래한 단어로, 뒤쪽에 강세를 넣어 ameriCAno라고 발음한답니다.

05 드시고 가세요, 포장하실 건가요?

For here or to go?

카페와 마찬가지로 국내에서도 흔히 접할 수 있는 것이 패스트푸드점이지만, 햄버거 '세트'나 '테이크 아웃'을 포함해서 은근히 현지에서 사용되지 않는 콩글리시가 많이 쓰이고 있어요. 원어민들이 사용하는 올바른 표현을 정확하게 익혀 봅시다.

I'd like one chicken burger meal.

Can I have onion rings instead?
Sure.

For here or to go?
OR
To go, please.

I want to eat dinner while I watch the sunset.

A 치킨버거 세트 하나 주세요.

A 어니언 링으로 변경해 주시겠어요?

B 네.

B 매장에서 드실 건가요, 포장하실 건가요?

A 포장해 주세요.

A 석양을 보며 식사하고 싶거든.

쓸모 있는 핵심 표현

무조건 쓰게 되는 핵심 회화 표현

What would you like to have?

어떤 걸로 주문하시겠어요?

Can I have a cheese burger?

치즈버거 하나 주세요.

활용도 100% 현지 표현

▶ I'd like one chicken burger meal.

치킨버거 세트 하나 주세요.

▶ I'll take the number two combo.

2번 세트 주세요.

▶ Can I have onion rings instead?

어니언 링으로 변경해 주시겠어요?

▶ I'll have coke without ice.

콜라에 얼음 빼고 주세요.

▶ For here or to go?

매장에서 드실 건가요, 포장하실 건가요?

▶ I'll eat here.

매장에서 먹고 갈 거예요.

▶ To go, please.

포장해 주세요.

세트 메뉴는 set menu가 아니라 combo 혹은 meal이라고 하고, 사이다는 cider가 아니라 sprite라고 해야 합니다. 포장 또한 take out이 아니라 to go라고 불러야 해요.

한눈에 익히는 필수 단어

hamburger
햄버거

sandwich
샌드위치

french fries
감자튀김

onion rings
어니언 링

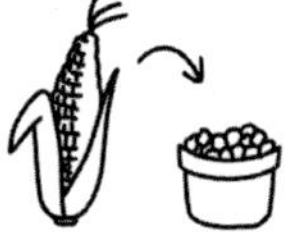

corn salad
콘 샐러드

fried chicken
치킨

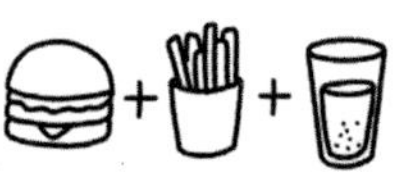

combo(= meal)
세트 메뉴

ketchup
케첩

mustard
겨자

soda
탄산음료

coke
콜라

sprite
사이다

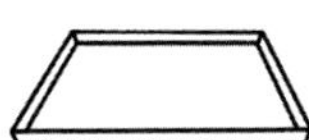

paper cup
종이컵

tray
쟁반

refill
리필하다

paper napkin
종이 냅킨

for here
매장에서 식사하다

to go
포장하다

sandwich를 '샌-드-위-치'라고 하면 원어민이 알아듣지 못한답니다. 원어민들은 d를 생략하고 발음하는데요. 발음기호 [sænwɪtʃ]를 봐도 'd'가 없죠? san-wich라고 읽는다고 생각하면 됩니다.

핵심 표현 리뷰

다음 주어진 우리말을 영어로 말해 보세요.

Unit 01~05

1 세관 신고할 물품이 있나요?

2 몇 번 게이트로 가야 하죠?

3 의자를 젖혀도 될까요?

4 도착까지 얼마나 남았나요?

5 한국 돈도 받으시나요?

6 비행기에 가지고 탈 수 있나요?

7 컵 홀더 씌워 주세요.

8 도장 적립 카드가 있나요?

9 매장에서 드실 건가요, 포장하실 건가요?

10 콜라에 얼음 빼고 주세요.

정답 **01** Do you have anything to declare? **02** Which gate should I go to? **03** May I recline my seat? **04** How long before we land? **05** Do you accept Korean Won? **06** Can I carry it on board? **07** Can you put a sleeve on it? **08** Do you have a stamp card? **09** For here or to go? **10** I'll have coke without ice.

Unit 06~10

06 식당_음식 주문하기
07 바 / 펍_술 주문하기
08 택시_목적지 말하기
09 대중교통_버스 타기
10 기차_승차권 구매하기

남은 음식을 포장해 주시겠어요?

Can I get this wrapped up?

메뉴판에 적힌 낯선 메뉴들을 보며 설렘만큼이나 당혹감을 느낄 수 있는 곳이 바로 식당이죠. 메뉴 추천부터 예약까지, 당황하지 않고 현지 식당을 100% 만끽할 수 있도록 주요 문장과 단어들을 제대로 익혀 볼까요?

A 여기서 가장 인기 있는 요리가 무엇인가요?

B 등심 스테이크가 가장 많이 팔립니다.

A 네, 스테이크로 할게요.

B 여기 식사 나왔습니다.

A 와, 엄청 크네요.

A (30분 후) 더 이상은 못 먹겠어. 남은 음식을 포장해 주시겠어요?

쓸모 있는 핵심 표현

무조건 쓰게 되는 핵심 회화 표현

How do you want it cooked?

얼마나 구워 드릴까요?

I want it medium.

미디엄으로 구워 주세요.

활용도 100% 현지 표현

- Can we get a table for four?
  4명이 앉을 자리가 있나요?
- Can I order now?
  지금 주문해도 될까요?
- What's the most popular dish here?
  여기서 가장 인기 있는 요리가 무엇인가요?
- Is there anything you can recommend?
  추천해 주실 만한 메뉴가 있나요?
- Sirloin steak, please.
  등심 스테이크로 주세요.
- I want my eggs over hard.
  계란은 노른자까지 완전히 익혀 주세요.
- Can I get this wrapped up?
  남은 음식을 포장해 주시겠어요?

diner는 패스트푸드나 간단한 샌드위치 종류를 파는 식당, restaurant는 고급스러운 레스토랑을 뜻해요. bistro는 그 중간 정도 되는 식당입니다.

☑ 한눈에 익히는 필수 단어

restaurant
식당

reservation
예약

waiter(waitress)
웨이터/웨이트리스

menu
메뉴판

dish
요리

check(bill)
계산서

meat
고기

seafood
해산물

vegetable
채소

noodles
면 요리

dessert
디저트

mineral water
생수

sparkling water
탄산수

fried eggs
계란 프라이

scrambled eggs
계란 스크램블

order
주문하다

recommend
추천하다

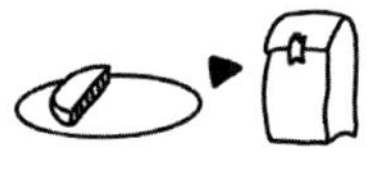

wrap (up)
포장하다

영어권 국가에서는 프라이나 스크램블 같은 요리를 할 때 보통 계란을 2개 이상 사용해요. 따라서 계란 요리를 나타낼 때는 복수형인 'fried eggs', 'scrambled eggs'라고 표현하는 쪽이 자연스럽답니다.

어떤 술로 드시겠어요?

What would you like to drink?

근사한 bar나 pub에 가서 현지의 밤 문화를 느껴 보는 것도 여행의 큰 재미죠. 술 한 잔을 즐길 수 있는 나이라면, 맛 좋은 술과 안주를 주문하는 문장들을 머리에 쏙 저장해 두었다가 현지에서 마음껏 활용해 보세요!

A 저희는 맥주와 와인을 판매합니다. 어떤 술로 드시겠어요?

B 화이트 와인 한 잔 주세요.

A 탁월한 선택입니다.

A 신분증을 보여 주시겠어요?

B 네.

B 세상에! 여권을 호텔에 두고 왔어요!

무조건 쓰게 되는 핵심 회화 표현

What would you like to drink?

어떤 술로 드시겠어요?

Which beer do you have?

맥주 종류는 어떤 게 있나요?

활용도 100% 현지 표현

- Let me see your ID.
  신분증을 보여 주시겠어요?
- We have beer and wine.
  저희는 맥주와 와인을 판매합니다.
- Can you recommend a good white wine?
  괜찮은 화이트 와인을 추천해 주시겠어요?
- Do you have a local beer?
  지역 특산 맥주가 있나요?
- I'd like to order a pitcher of beer.
  맥주 피처 하나 주문할게요.
- Anything for a snack?
  안주는 안 필요하세요?
- French fries, please.
  감자튀김 주세요.

미국에서는 다양한 브랜드의 생맥주를 판매해요. 생맥주는 'draft beer'라고도 하지만, OO + on tap이라고 하면 'OO브랜드의 생맥주 주세요'라는 뜻이 됩니다.

☑ 한눈에 익히는 필수 단어

ID
신분증

minor
미성년자

alcohol
술

beer
맥주

draft beer
생맥주

tap
(생맥주를 뽑는) 꼭지

wine
와인

cocktail
칵테일

glass
술잔

pitcher
피처

bottle
술병

snack
안주

straight
아무것도 타지 않은

on the rocks
얼음을 넣은

toast

건배하다

tipsy
(가볍게) 취한

drunk
(상당히) 취한

lightweight
술이 약한

우리나라에서는 alcohol을 읽을 때 보통 '알콜' 혹은 '알코올'처럼 h를 빼고 발음하는 경우가 많은데요. 하지만 영어 발음에서는 h를 살려서 al-co-hol 세 음절로 발음해야 합니다.

딱 맞춰 왔네요!

I'm right on time!

택시는 손님을 정확하게 목적지까지 데려다주는 편리한 운송 수단이지만, 외국인 입장에서는 소통이 잘 되지 않거나 행여 바가지를 쓸까 봐 걱정이 되는 것도 사실이에요. 목적지 전달부터 요금 확인까지 택시 탑승에 꼭 필요한 문장과 단어들을 익혀 보겠습니다.

A 힐탑 호텔로 가 주세요.

A 조금 서둘러 주세요. 저녁 예약이 되어 있거든요.

B 걱정 마세요, 손님. 제가 지름길을 알거든요.

A 딱 맞춰 왔네요! 정말 고맙습니다.

B 도움이 되어 기뻐요.

무조건 쓰게 되는 핵심 회화 표현

Where to, ma'am?

어디로 가시나요, 손님?

Please go to the Hiltop hotel.

힐탑 호텔로 가 주세요.

활용도 100% 현지 표현

▶ Is there a flat fee to downtown from here?
여기서 시내까지는 정액 요금인가요?

▶ You can pay by the meter.
미터기 요금을 내시면 됩니다.

▶ Can you open the trunk?
트렁크를 열어 주시겠어요?

▶ I don't want to share a cab.
합승은 원하지 않습니다.

▶ Please hurry up a bit.
조금 서둘러 주세요.

▶ Drop me off here, please.
여기서 내려 주세요.

▶ Can you pull over in front of that main gate?
저쪽에 정문 앞에서 세워 주시겠어요?

택시는 기본적으로 미터기(meter)를 바탕으로 요금을 매기지만, 장거리를 가는 경우는 정액 운임(flat fee)을 받기도 하므로 타기 전에 꼭 확인해야 해요.

☑ 한눈에 익히는 필수 단어

taxi
택시

taxi stop
택시 승강장

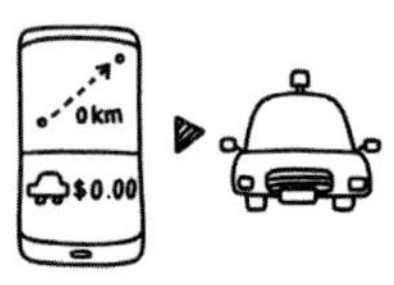

uber
우버

driver
기사

trunk
트렁크

open
열다

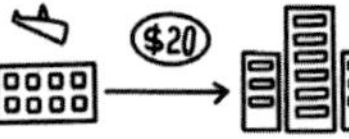

flat rate(fee)
정액 요금

meter
미터기

traffic jam
교통 체증

seat
좌석

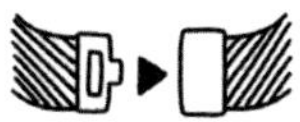

seat belt
안전벨트

window
창문

air-conditioner
에어컨

hurry
서두르다

get in
승차하다

drop off
내려 주다

pull over
차를 대다

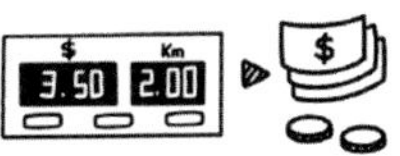

cost
비용이 나오다

trunk를 '트렁크'라고 정직하게 발음하면 원어민들이 알아듣기 어렵습니다. t와 k 뒤에는 모음이 없으니 'ㅡ' 모음을 붙이지 말고 t-run-k라고 발음해 주세요. 우리말로 표현하자면 'ㅌ렁ㅋ'에 가깝습니다.

벨 좀 눌러 주시겠어요?

Can you hit the bell for me?

합리적인 가격에 언제든 자유롭게 이용할 수 있는 고마운 대중교통. 기본적인 회화 문장과 단어로 가고자 하는 목적지와 요금 확인하는 법을 제대로 익힌다면 저렴한 비용으로 가지 못할 곳이 없어요!

Here comes the bus!

A30 VIA FOREST HILL

Oh, the bus is just packed.

I can't reach the bell.

Excuse me, can you hit the bell for me?

Sure. I'll do it for you.

A 버스 왔다!

A 이런, 완전히 만원이네.

A 벨에 손이 안 닿아.

A 죄송하지만 벨 좀 눌러 주시겠어요? **B** 네. 제가 눌러 드릴게요.

무조건 쓰게 되는 핵심 회화 표현

Where should I get off?

어디서 내려야 하나요?

You should get off at the next stop.

다음 정류장에서 내려야 해요.

활용도 100% 현지 표현

- Where can I catch the bus?
  버스는 어디서 타나요?
- Which bus should I take to city hall?
  시청으로 가려면 몇 번 버스를 타야 하나요?
- Does this bus go to the Grand Hotel?
  이 버스는 그랜드 호텔로 가나요?
- Which line is for Broadway?
  브로드웨이로 가려면 몇 호선을 타야 하나요?
- Where can I get a ticket?
  표는 어디서 사나요?
- How much is the one-day pass?
  1일권은 얼마인가요?
- One adult ticket to City Hall Station.
  시청역까지 가는 어른용 티켓 한 장 주세요.

'stop'이나 'station'은 구체적인 정류장(역) 이름을 말하고, 'destination'은 보다 넓은 범위에서 목적지를 말해요.

☑ 한눈에 익히는 필수 단어

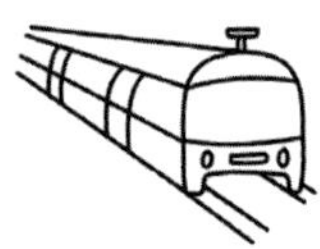

bus
버스

bus stop
버스 정류장

subway
지하철

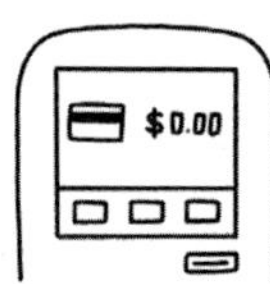

subway station
지하철역

ticket machine
매표기

ticket
표

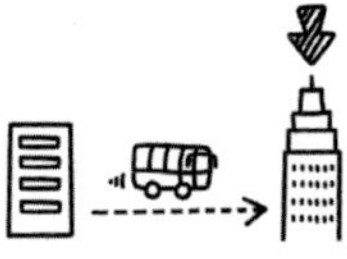

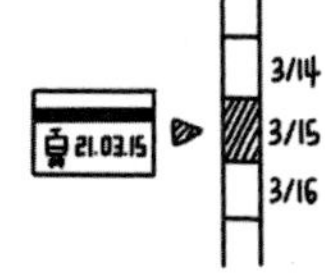

fare
요금

destination
목적지

one-day pass
1일권

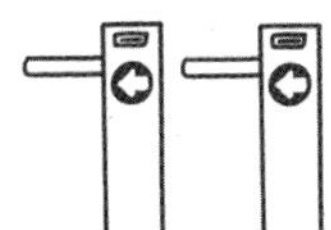

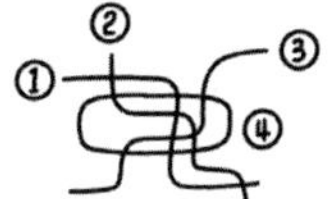

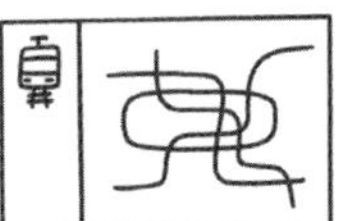

gate
개찰구

line
호선

route map
노선도

bell
벨

luggage rack
짐칸

catch
잡아타다

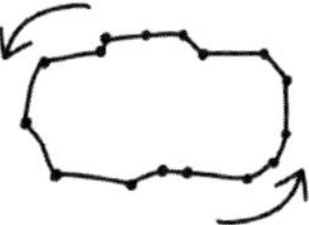

get off
내리다

transfer
환승하다

go in a circle
순환 운행하다

get off에서 get은 자음 t로 끝나고 off는 모음 o로 시작하죠? 이렇게 앞 단어가 자음으로 끝나고 뒷 단어가 모음으로 시작하면 getoff라는 한 단어라고 생각하고 이어서 발음하는 편이 자연스러워요.

LA행 편도 티켓 한 장 주세요.

I'll take a one-way ticket to LA.

대중교통과 비슷하면서도 좌석 지정이나 편도/왕복 티켓처럼 결정해야 할 부분이 조금 더 많은 게 기차 여행이죠. 기차역에서 당황하지 않고 내게 필요한 좌석과 티켓을 척척 구입하고 싶다면 이번에 소개하는 문장과 단어를 주의 깊게 살펴봐 주세요!

A LA행 첫차는 언제 출발하나요?

B 5분 후에 출발입니다.

A LA행 편도 티켓 한 장 주세요. 일반석으로요.

B 죄송합니다만 일반석은 매진입니다.

A 그럼... 일등석이라도 주세요. (좀 더 서두를걸...)

쓸모 있는 핵심 표현

무조건 쓰게 되는 핵심 회화 표현

What type of seat would you like?

어떤 좌석으로 드릴까요?

A coach class seat, please.

일반석으로 주세요.

활용도 100% 현지 표현

- Where is the ticket window?
  매표소는 어디 있나요?
- I'll take a round-trip ticket to New York.
  뉴욕행 왕복 티켓 한 장 주세요.
- Where can I see the timetable?
  시간표는 어디서 볼 수 있나요?
- When does the first train leave for LA?
  LA행 첫차는 언제 출발하나요?
- Is this the train for Washington?
  이 기차가 워싱턴행 맞나요?
- The train leaves from the second platform.
  열차가 2번 승강장에서 출발합니다.
- The next stop is Rosemond.
  다음 역은 로즈먼드입니다.

'승차하다'는 크게 get in과 get on이 있는데요. 승용차처럼 몸을 숙여 들어가는 경우에는 get in을, 버스나 기차처럼 걸어서 들어가는 경우에는 get on을 쓴답니다.

☑ 한눈에 익히는 필수 단어

train
기차

express train
급행열차

ticket window
매표소

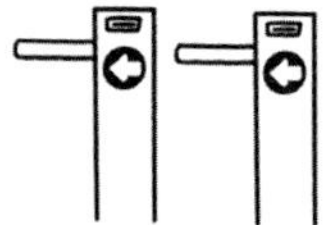

ticket gate
개찰구

platform
승강장

one-way
편도

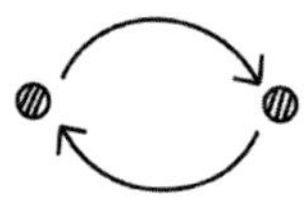

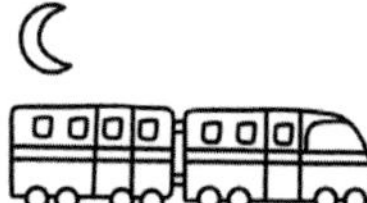

round-trip
왕복

first train
첫차

last train
막차

6:00 LA
6:30 NEW YORK
6:45 CHICAGO
7:15 LA

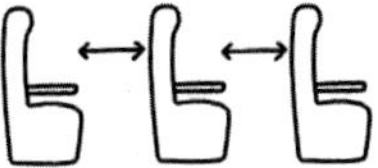

timetable
시간표

coach class seat
일반석

first class seat
일등석

standing seat
입석

dining car
식당차

arrive
도착하다

depart
출발하다

get on
승차하다

miss
놓치다

first train, last train은 앞 단어의 마지막 글자와 뒷 단어의 첫 글자가 t로 동일한데, 이런 경우에는 연음 현상이 일어납니다. 'firstrain', 'lastrain'처럼 이어서 발음하면 훨씬 자연스럽습니다.

핵심 표현 리뷰

Unit 06~10

다음 주어진 우리말을 영어로 말해 보세요.

1 얼마나 구워 드릴까요?

2 4명이 앉을 자리가 있나요?

3 신분증을 보여 주시겠어요?

4 지역 특산 맥주가 있나요?

5 어디로 가시나요, 손님?

6 트렁크를 열어 주시겠어요?

7 어디서 내려야 하나요?

8 브로드웨이로 가려면 몇 호선을 타야 하나요?

9 일반석으로 주세요.

10 시간표는 어디서 볼 수 있나요?

정답 **01** How do you want it cooked? **02** Can we get a table for four? **03** Let me see your ID. **04** Do you have a local beer? **05** Where to, ma'am? **06** Can you open the trunk? **07** Where should I get off? **08** Which line is for Broadway? **09** A coach class seat, please. **10** Where can I see the timetable?

Unit 11~15

아무래도 나 길을 잃었나 봐.

I think I got lost.

해외에서 목적지를 찾지 못하거나 길을 잃어버렸을 때만큼 당황스러운 순간이 있을까요? 하지만 너무 걱정할 필요 없어요. 이럴 때 꼭 필요한 핵심 문장들만 잘 익혀 둔다면 현지인 질문 찬스를 통해 길을 찾을 수 있어요.

A 여기가 어디지? 아무래도 나 길을 잃었나 봐.

A 실례합니다. 엠파이어 스테이트 빌딩까지 어떻게 가나요?

B 어... 이게 바로 엠파이어 스테이트 빌딩인데요.

A 세상에, 너무 높아서 오히려 못 알아봤네.

쓸모 있는 핵심 표현

무조건 쓰게 되는 핵심 회화 표현

Where am I on this map?

여기가 이 지도에서 어딘가요?

This is where you are now.

현재 위치는 여기예요.

활용도 100% 현지 표현

▶ How can I get to the Watson Hotel?

왓슨 호텔까지 어떻게 가나요?

▶ Could you show me the way to City Hall?

시청까지 가는 길을 알려 주시겠어요?

▶ It's over there.

저기 있네요.

▶ Go this way.

이 길을 따라가세요.

▶ Is it far from here?

여기서 먼가요?

▶ How long does it take on foot?

걸어가면 얼마나 걸리나요?

▶ It takes about 5 minutes.

5분 정도 걸려요.

길을 찾을 땐 대부분 모르는 사람에게 물어보게 되죠? 따라서 질문 앞에 Excuse me (실례합니다)를 꼭 붙여 줘야 무례하다는 인상을 피할 수 있답니다.

☑ 한눈에 익히는 필수 단어

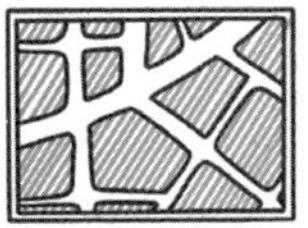

map
지도

street
거리

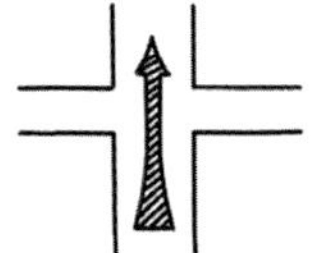

straight
똑바로(일직선으로)

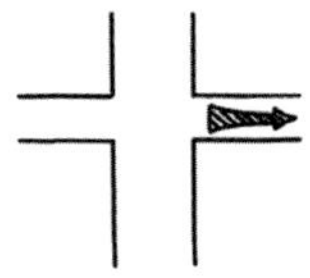

right
오른쪽

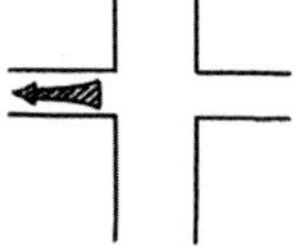

left
왼쪽

turn
꺾다

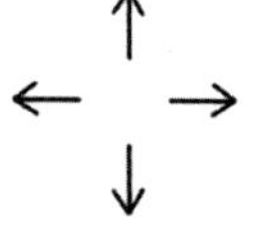

direction
방향

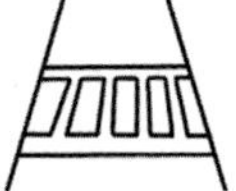

crosswalk
횡단보도

cross
건너다

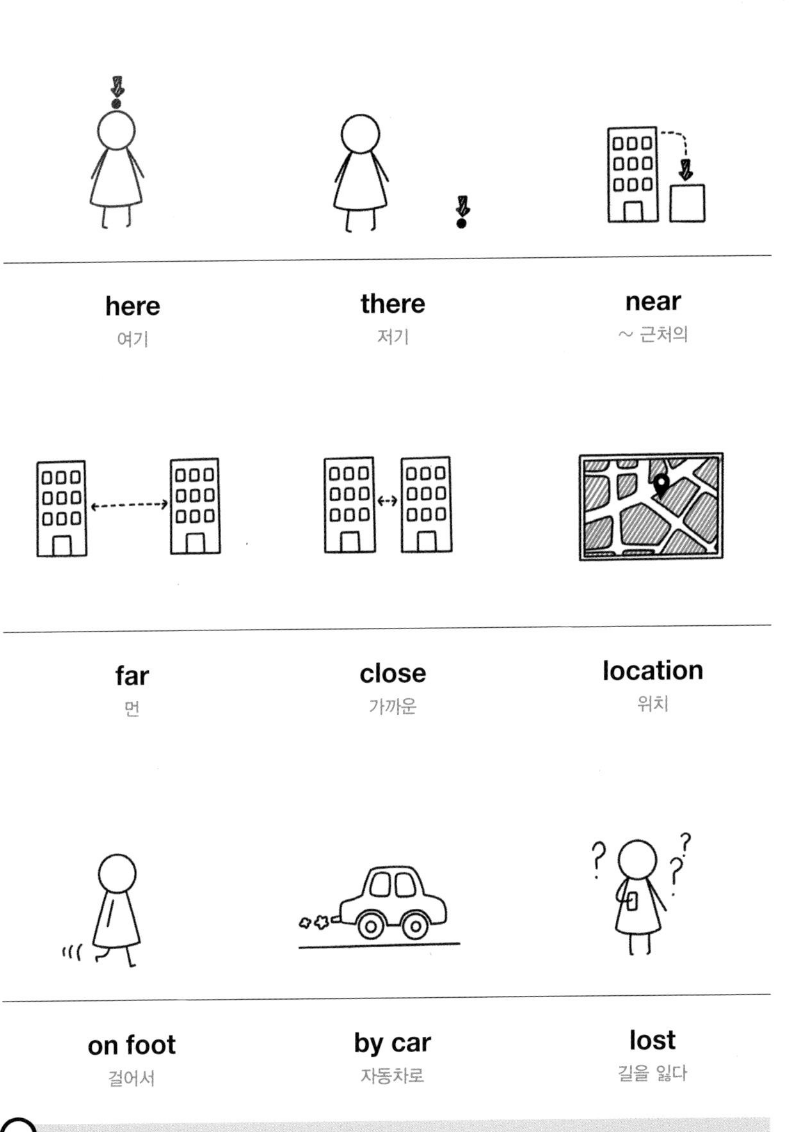

우리말로도 '~에서 가깝다', '~ 근처에 있다' 모두 비슷한 의미인 것처럼 장소를 나타낼 때는 near와 close를 섞어서 사용할 수 있습니다. 하지만 장소가 아닌 '관계'를 나타낼 때는 close만 사용합니다.

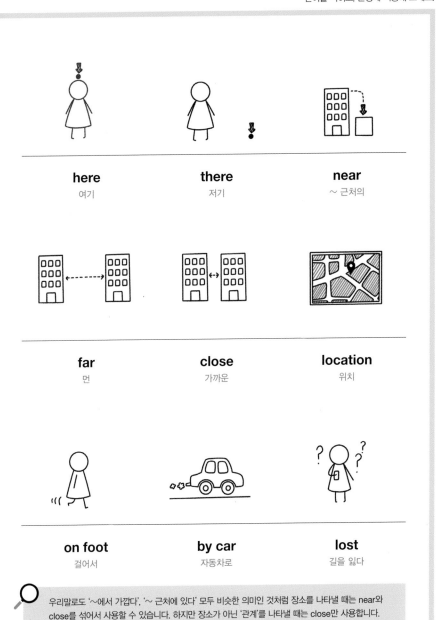

12 조식 시간은 언제인가요?

When do you serve breakfast?

편안한 휴식에 더해 멋진 전망과 맛좋은 조식, 룸서비스나 모닝콜을 비롯한 각종 서비스를 누릴 수 있는 곳이 바로 호텔이죠. 체크인부터 다양한 서비스 요청까지, 필수 문장과 단어들을 통해서 영어로 자유롭게 누려 보세요!

A 조식 시간은 언제인가요?
B 오전 7시부터 9시까지입니다.

A 8시에 모닝콜을 해 주시겠어요?
B 물론이죠.

A (다음 날 아침) 모닝콜 덕분에 아침을 제대로 먹었어.

A 이런, 방 안에 열쇠를 두고 나왔잖아!

쓸모 있는 핵심 표현

무조건 쓰게 되는 핵심 회화 표현

Do you have a reservation?

예약하셨나요?

I booked a room for John.

존이라는 이름으로 방을 예약했어요.

활용도 100% 현지 표현

▶ I'd like to check in, please.

체크인하려고 하는데요.

▶ I'd like to have a room with a good view.

전망 좋은 방으로 부탁해요.

▶ When do you serve breakfast?

조식 시간은 언제인가요?

▶ I need room service.

룸서비스를 요청하고 싶어요.

▶ Could you send me up a meal?

방으로 식사를 올려 주시겠어요?

▶ Can I have a wake-up call at 8 a.m.?

8시에 모닝콜을 해 주시겠어요?

▶ I left my key in the room.

방에 열쇠를 두고 나왔어요.

호텔에서 모닝콜 서비스를 요청할 수 있어요. 하지만 'morning call'은 틀린 표현이고, '잠을 깨우는 전화'라는 뜻의 'wake-up call'을 부탁해야 합니다.

☑ 한눈에 익히는 필수 단어

hotel
호텔

staff
직원

book
예약하다

room
방

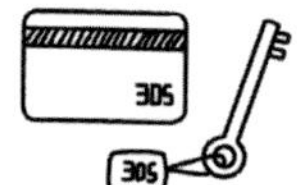

key
열쇠

view
전망

check in
체크인

check out
체크아웃

room charge
숙박비

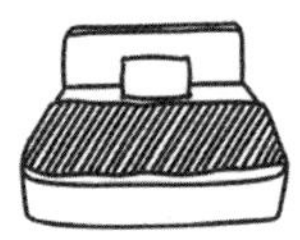

bed
침대

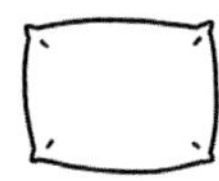

pillow
베개

towel
수건

soap
비누

mineral water
생수

breakfast
조식

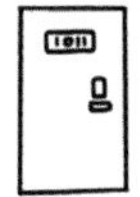

room service
룸서비스

wake-up call
모닝콜

make up
청소하다

hotel은 발음할 때 강세에 주의해야 해요. 앞쪽 ho는 최대한 죽여서 발음하고 뒤쪽 tel에 강세를 실어야 합니다. hoTEL로 읽는다고 생각하면 됩니다.

무료 와이파이가 있나요?

Do you have free wi-fi?

호텔만큼 다양한 서비스는 없어도, 공유 숙박 서비스는 저렴한 가격뿐 아니라 현지인들의 생활을 직접 체험할 수 있다는 점에서 너무 매력적인 숙소라고 생각해요. 내게 꼭 맞는 위치와 옵션들을 선택하기 위해 반드시 알아야 할 필수 회화 표현에는 어떤 것들이 있을까요?

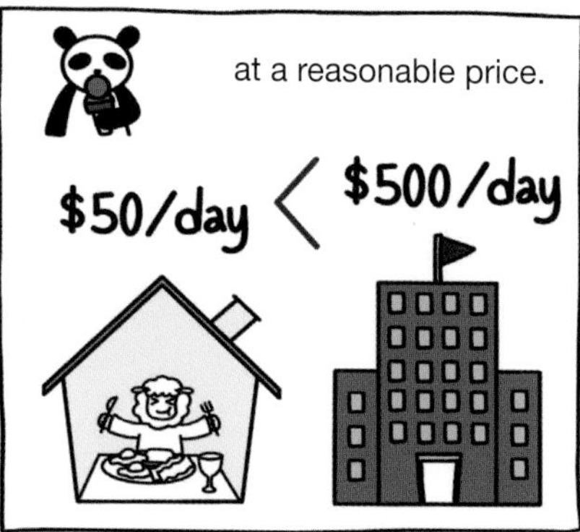

A 공유 숙박 서비스를 이용하면 현지인의 라이프 스타일을

A 합리적인 가격에 체험할 수 있죠.

A 하지만 다양한 부분을 체크하느라 시간을 더 써야 해요.

A 호텔과 공유 숙박 서비스 중 여러분의 선택은 무엇인가요?

쓸모 있는 핵심 표현

무조건 쓰게 되는 핵심 회화 표현

Do you have free wi-fi?

무료 와이파이가 있나요?

Yes, free wi-fi is available.

네, 와이파이는 무료로 이용 가능합니다.

활용도 100% 현지 표현

▶ When can I check-in?

체크인은 몇 시부터인가요?

▶ How many sets of keys will I get?

열쇠는 몇 개 받을 수 있나요?

▶ Is your house in a safe neighborhood?

숙소가 안전한 지역에 있나요?

▶ How do I get to your place from the airport?

공항에서 숙소까지 어떻게 가나요?

▶ How long does it take to get there by bus?

버스로 가면 시간이 얼마나 걸리나요?

▶ Are there any special rules I have to keep in mind?

지켜야 할 특별한 규칙이 있나요?

▶ Who do I contact in case of an emergency?

긴급 상황에는 누구에게 연락하나요?

자주 쓰지만 우리가 잘못 알고 있는 표현으로 gas stove(가스레인지 X), microwave(전자레인지 X), socket(콘센트 X) 등이 있습니다.

한눈에 익히는 필수 단어

host
(공유 숙박업소) 주인

guest
손님

wi-fi
와이파이

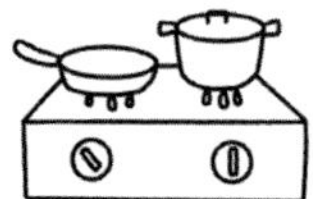

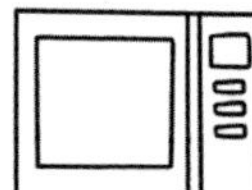

gas stove
가스레인지

microwave
전자레인지

washing machine
세탁기

dishwasher
식기 세척기

hair dryer
드라이어

socket
콘센트

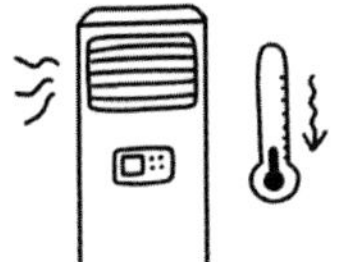

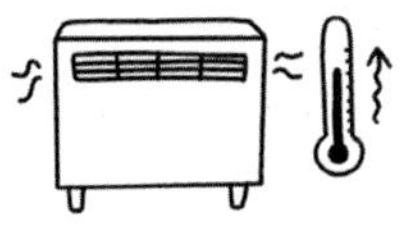

fan
선풍기

air conditioner
에어컨

heater
난방기

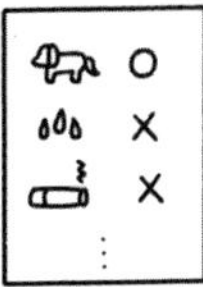

bathtub
욕조

neighborhood
이웃 지역

rule
규칙

safe
안전한

emergency
긴급 상황

contact
연락하다

gas stove는 앞쪽 단어의 마지막 글자와 뒤쪽 단어가 겹치기 때문에 연음 현상이 일어납니다. 따라서 'gastove'라고 한 단어처럼 이어서 발음하는 편이 더 자연스러워요.

자동차를 렌트하고 싶은데요.

I'd like to rent a car.

현지에서 자동차를 렌트하면 즐길 수 있는 범위가 훨씬 넓어지겠죠? 깔끔한 소형차부터 넉넉한 대형차, 특별한 스포츠카까지 원하는 차를 고를 수 있습니다. 지금 내게 필요한 차를 영어로 렌트하는 방법을 배워 볼까요?

A 자동차를 렌트하고 싶은데요.

A 3일 동안 운전할 거고...

A 오픈카로 주세요.

A 바로 이거지! 언제 오픈카를 몰아 보겠어?

무조건 쓰게 되는 핵심 회화 표현

How long would you like to rent it for?

얼마 동안 렌트할 예정입니까?

I'll drive it for three days.

3일 동안요.

활용도 100% 현지 표현

▶ I'd like to rent a car.
자동차를 렌트하고 싶은데요.

▶ I want a compact car.
소형차를 빌리고 싶어요.

▶ How much is it per day for a minivan?
미니밴은 하루에 얼마인가요?

▶ When do I have to return it?
언제 반납해야 하나요?

▶ Can I see your international driver's license?
국제 운전면허증 보여 주시겠습니까?

▶ Do you want insurance coverage?
보험은 어떻게 하시겠어요?

▶ I'd like full coverage.
종합 보험으로 해 주세요.

렌트 시 가입할 수 있는 보험에는 대표적으로 full coverage(나와 상대 운전자 모두 보장받는 보험)와 liability insurance(상대 운전자만 보장해 주는 보험)가 있습니다.

☑ 한눈에 익히는 필수 단어

compact car 소형차	mid-size car 중형차	full-size car 대형차

sub-compact car 경차	minivan 미니밴	convertible 오픈카

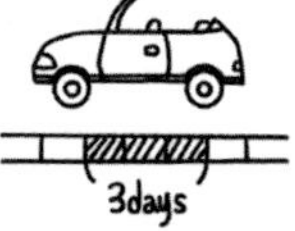

rent 렌트하다	pick up (차량을) 인수하다	return 반납하다

car accident
자동차 사고

insurance
보험

full coverage
종합 보험

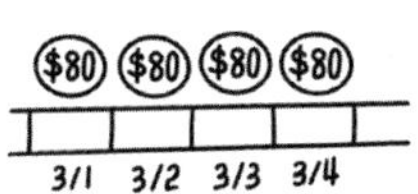

liability insurance
책임 보험

deposit
보증금

per day
하루에

driver
운전자

driver's license
운전면허증

international
국제적인

compact car는 소형차를 뜻하지만 그 크기가 명확하게 정해져 있는 것은 아니에요. 때로는 sub-compact car까지 포함하기도 합니다. 따라서 크기보다는 원하는 차종을 정확히 말하는 것이 좋아요.

세차를 할 수 있을까요?

Can I get a car wash?

차가 달리는 데 꼭 필요한 기름도 넣고, 경우에 따라 세차까지 할 수 있는 곳이 바로 주유소인데요. 주유소에서 활용 가능한 핵심 표현들만 잘 익혀도 내가 원하는 서비스를 정확히 전달할 수 있을 거예요.

A 어서 오세요. 얼마나 넣어 드릴까요?

B 가득 넣어 주세요.

A 알겠습니다.

B 세차도 할 수 있을까요?

A 그럼요. 무료로 해 드리겠습니다.

B 만세!

쓸모 있는 핵심 표현

무조건 쓰게 되는 핵심 회화 표현

How much do you want?

(기름을) 얼마나 넣을까요?

Fill it up with unleaded, please.

무연 휘발유로 가득 넣어 주세요.

활용도 100% 현지 표현

▶ We are running out of gas.
기름이 거의 떨어졌어요.

▶ Is there a gas station near here?
이 근처에 주유소가 있나요?

▶ Park in front of the pump.
주유기 앞에 차를 세워 주세요.

▶ Give me thirty dollars of gas, please.
휘발유 30달러어치 넣어 주세요.

▶ Can I get a car wash?
세차를 할 수 있을까요?

▶ I would like a hand wash.
손 세차로 부탁해요.

▶ Interior cleaning will be fifteen dollars.
내부 세차는 15달러입니다.

주유소는 gas station이라고 가장 많이 쓰이지만, filling station이나 petrol station 같은 다른 이름으로 부르기도 합니다.

☑ 한눈에 익히는 필수 단어

gas station
주유소

(gas) pump
주유기

gas(gasoline)
휘발유

washer liquid
워셔액

premium
고급

regular
일반

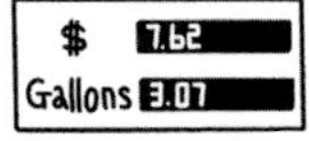

meter
주유 계량기

car wash
세차

hand wash
손 세차

windshield
앞유리

park
(차를) 세우다

ignition
시동

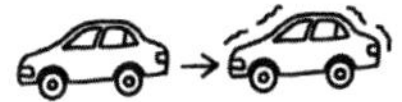

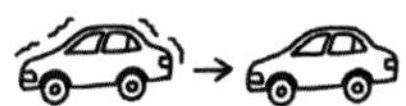

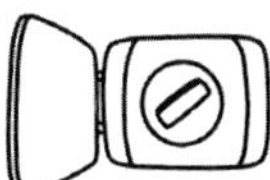

turn on
켜다

turn off
끄다

petrol cap
주유구

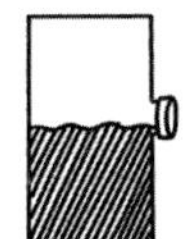

fill
채우다

fill up
가득 채우다

half
절반

gas station도 연음 현상이 일어나는 단어 중 하나예요. gas-station이라고 따로 발음하기보다 gastation이라는 한 단어처럼 발음하면 말하기도 편하고 듣는 사람 입장에서도 훨씬 자연스럽죠.

Review

핵심 표현 리뷰

Unit 11~15

다음 주어진 우리말을 영어로 말해 보세요.

1 여기가 이 지도에서 어딘가요?

2 이 길을 따라가세요.

3 조식 시간은 언제인가요?

4 방에 열쇠를 두고 나왔어요.

5 무료 와이파이가 있나요?

6 체크인은 몇 시부터인가요?

7 언제 반납해야 하나요?

8 보험은 어떻게 하시겠어요?

9 무연 휘발유로 가득 넣어 주세요.

10 세차를 할 수 있을까요?

정답 **01** Where am I on this map? **02** Go this way. **03** When do you serve breakfast? **04** I left my key in the room. **05** Do you have free wi-fi? **06** When can I check-in? **07** When do I have to return it? **08** Do you want insurance coverage? **09** Fill it up with unleaded, please. **10** Can I get a car wash?

Unit 16~20

16 집을 둘러볼 수 있을까요?

Can I look around the apartment?

내가 살게 될 보금자리를 결정하는 만큼, 주택을 렌트할 때는 여러 가지 요소를 꼼꼼히 따지고 신중히 결정해야 하죠. 집의 구조부터 보증금과 월세를 체크하는 표현까지 꼼꼼하게 익혀서 합리적인 가격에 포근한 보금자리를 마련해 봐요!

A 집을 둘러볼 수 있을까요?

B 물론이죠.

B 침실 하나, 화장실 하나짜리 집이에요.

A 너무 좋네요! 월세가 얼마죠?

B 한 달에 2,000달러입니다.

A 음... 저는 조금 더 작은 집이 좋을 것 같네요.

무조건 쓰게 되는 핵심 회화 표현

What is the rent for this house?

이 집은 월세가 얼마인가요?

It's 2,000 dollars a month.

한 달에 2,000달러입니다.

활용도 100% 현지 표현

▶ Is this studio still available?
이 원룸 아직 렌트 가능한가요?

▶ How much is the deposit?
보증금은 얼마인가요?

▶ Is it negotiable?
조정 가능한가요?

▶ I'm looking for a one bedroom and one bathroom house.
방 1개, 화장실 1개인 집을 찾고 있어요.

▶ Is there a designated parking lot?
지정 주차 공간이 있나요?

▶ Can I look around the apartment?
아파트를 둘러볼 수 있을까요?

▶ Can I turn the light on?
전등을 켜 봐도 되나요?

실제 회화에서 bedroom과 bathroom은 각각 bed, bath로 줄여서 말하기도 해요.

한눈에 익히는 필수 단어

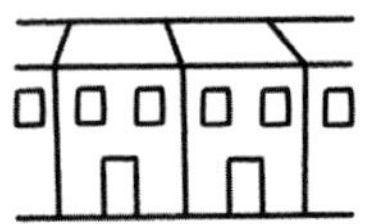

house	**terraced house**	**apartment**
(독채) 주택	(연립) 주택	아파트

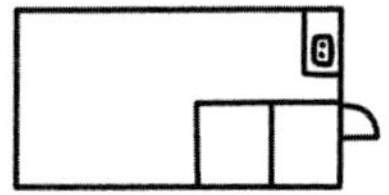

studio	**bedroom**	**parking lot**
원룸	침실	주차 공간

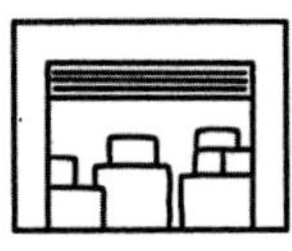

storage	**light**	**faucet**
창고	전등	수도

contract
계약서

rent
월세

deposit
보증금

damage deposit
파손 보증금

price
가격

high
높은

low
낮은

bathroom
화장실

kitchen
부엌

terraced house의 앞부분 terraced는 발음에 주의해야 해요. d가 t로 바뀐 것처럼 발음되거든요. 발음 기호 [terəst] 상에도 마지막 단어가 t로 되어 있죠? te–ra–st라고 발음한다고 생각하면 됩니다.

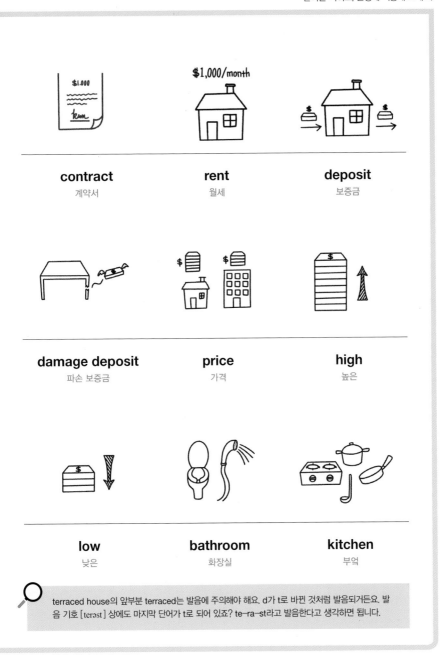

(은행) 계좌를 개설하고 싶어요.

I'd like to open an account.

송금부터 체크카드 신청까지, 해외에 있다 보면 은근히 은행에 갈 일이 많은데요. 통장을 만드는 기본 표현부터 수수료를 확인하는 응용 표현까지 제대로 익혀서 다양한 금융 서비스를 자유롭게 이용해 보세요!

A (은행) 계좌를 개설하고 싶어요. 그 계좌로 체크 카드 사용이 가능한가요?

B 물론 가능해요. 체크 카드를 쓰시면 현금을 들고 다닐 필요가 없죠.

B 심지어 할인도 받을 수 있답니다.

A 우와, 그거 대단하네요!

쓸모 있는 핵심 표현

무조건 쓰게 되는 핵심 회화 표현

Good morning, how may I help you?

안녕하세요, 어떻게 도와드릴까요?

I'd like to open an account.

계좌를 개설하고 싶어요.

활용도 100% 현지 표현

▶ I'd like to withdraw some cash.
현금을 인출하고 싶어요.

▶ I'm here to apply for a credit card.
신용 카드를 신청하려고 왔어요.

▶ Can I use a debit card with it?
그 계좌로 체크 카드 사용이 가능한가요?

▶ I'd like to send 100 dollars to Korea.
한국으로 100달러를 보내고 싶은데요.

▶ What's the remittance charge?
송금 수수료가 얼마인가요?

▶ I'd like to exchange 500,000 Korean won to U.S. dollars.
한화 50만 원을 미국 달러로 환전하고 싶어요.

▶ What is the exchange rate?
환율이 어떻게 되나요?

우리가 '체크 카드'라고 부르는 직불 카드는 'debit card'라는 단어로 더 많이 불려요.
debit card는 현금 인출과 상품 결제 서비스를 모두 이용할 수 있습니다.

한눈에 익히는 필수 단어

bank	teller	window
은행	은행원	창구

account	ATM	ATM card
계좌	현금 인출기	현금 인출 카드

cash	check	traveler's check
현금	수표	여행자 수표

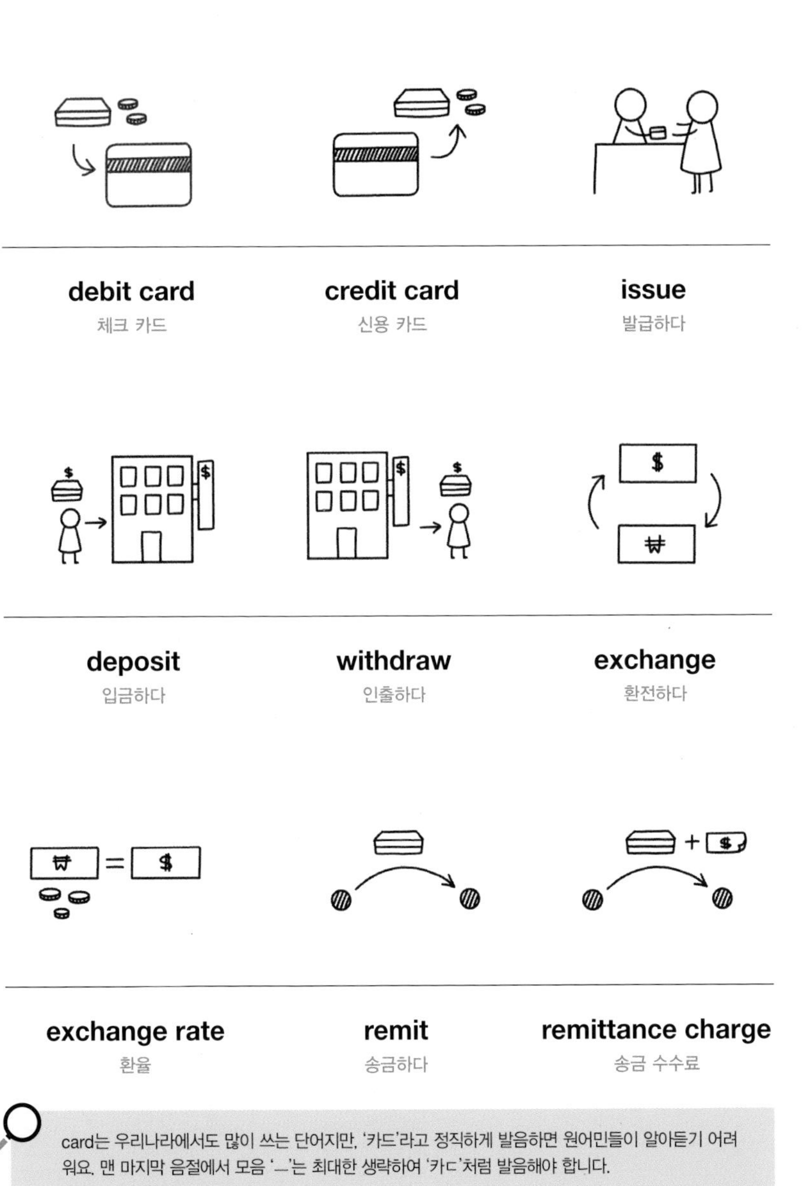

card는 우리나라에서도 많이 쓰는 단어지만, '카드'라고 정직하게 발음하면 원어민들이 알아듣기 어려워요. 맨 마지막 음절에서 모음 'ㅡ'는 최대한 생략하여 '카ㄷ'처럼 발음해야 합니다.

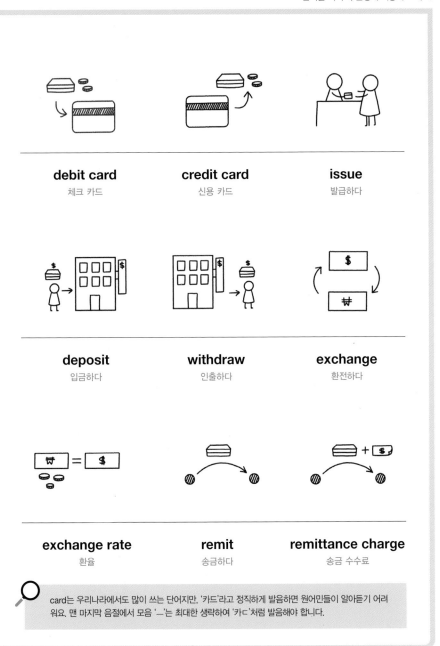

18 딱 하나 남았잖아!

The last one is left!

우리나라와 다른 제품 구성이나 낯선 배치 때문에 은근히 당황하기 쉬운 곳이 식료품점인데요. 내가 찾는 식재료를 정확하게 설명하고 위치나 재고를 묻는 표현들을 익혀 둔다면 즐거운 식료품 쇼핑을 할 수 있겠죠?

FRIUTS & VEGETABLES
Excuse me, I'm looking for cheesecake.

FRIUTS & VEGETABLES
It's on bakery section, but I'm afraid it's out of stock.

BAKERY
DAIR
I really wanted to taste that cake today.

Wow! The last one is left! And it's even on sale! Lucky me!
!!!
D.C 20%

A 실례합니다. 치즈 케이크를 찾고 있는데요.

B 제과 코너에 있어요. 하지만 재고가 떨어졌을 것 같은데요.

A 오늘 그 케이크를 꼭 먹고 싶었는데.

A 우와! 딱 하나 남았잖아! 게다가 세일 중! 이게 무슨 행운이야!

무조건 쓰게 되는 핵심 회화 표현

I'm looking for cheddar cheese.

체다 치즈를 찾고 있는데요.

It's in the dairy section.

유제품 코너에 있어요.

활용도 100% 현지 표현

▶ Excuse me, where are the shopping carts?
실례지만, 쇼핑 카트는 어디에 있나요?

▶ Sorry, it's out of stock.
죄송합니다. 재고가 다 떨어졌어요.

▶ How much are these per kilo?
이건 킬로그램당 얼마인가요?

▶ Could you weigh these potatoes?
이 감자 무게 좀 달아 주시겠어요?

▶ I'll pay with cash.
현금으로 결제할게요.

▶ Can I have a receipt, please?
영수증 주시겠어요?

▶ Do you have paper bags?
종이봉투 있나요?

vegetables(채소)와 fruits(과일) 등이 함께 있는 농산물 코너를 'produce section'이라고 부르기도 합니다.

한눈에 익히는 필수 단어

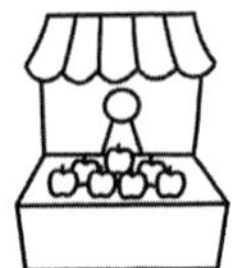

grocery
식료품

grocery store
식료품점

market
시장

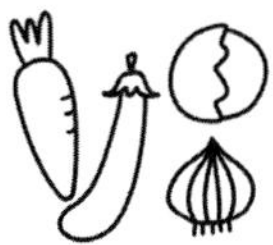

vegetable
채소

fruit
과일

seafood
해산물

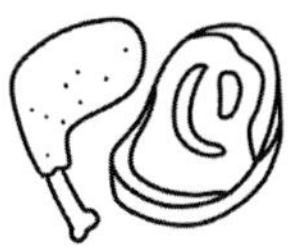

meat
고기

dairy
유제품

bakery
제과류

frozen food
냉동식품

section
코너(섹션)

cart
카트

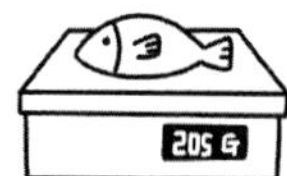

sell
판매하다

weigh
무게를 달다

paper bag
종이봉투

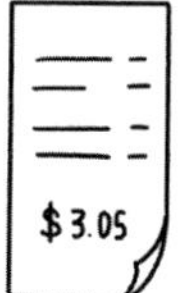

plastic bag
비닐봉투

pay
결제하다

receipt
영수증

우리가 흔히 쓰는 '비닐'은 영어 단어 vinyl에서 온 단어이기 때문에 '비닐봉투'도 vinyl bag이라고 생각하기 쉬워요. 하지만 현지에서는 모두가 plastic bag이라는 표현을 씁니다.

탈의실은 이쪽입니다.

The fitting room is this way.

마음에 드는 물건을 잘 구매해서 양손 가득 쇼핑백을 들고 걸어가는 기분을 해외에서도 자유롭게 느껴 보세요! 필수 문장과 단어들만 머릿속에 저장해 두면 물건 구매에 꼭 필요한 기본 회화부터 할인 정보 확인까지 백화점과 쇼핑몰에서 필요한 회화를 할 수 있답니다.

A 오, 저 원피스 인터넷 쇼핑몰에서 봤는데. 구입할까 엄청 고민했었어.

A 이거 입어 볼 수 있을까요? **B** 그럼요. 탈의실은 이쪽입니다.

A 확실히 예쁘긴 한데...

A 길어도 너무 길구나. 사지 않은 게 현명한 결정이었어.

쓸모 있는 핵심 표현

무조건 쓰게 되는 핵심 회화 표현

Can I try this on?

이거 입어 볼 수 있을까요?

Sure.

그럼요.

활용도 100% 현지 표현

▶ I'm just browsing, thank you.
감사하지만 그냥 둘러보고 있어요.

▶ Do you have a white shirt?
흰색 셔츠 있나요?

▶ Where is the fitting room?
탈의실은 어디 있죠?

▶ Is it the discounted price?
이게 할인된 가격인가요?

▶ This skirt is way too long.
이 치마는 너무 길어요.

▶ Do you have the same one in a smaller size?
같은 제품으로 한 사이즈 작은 거 있나요?

▶ I'll take this.
이걸로 할게요.

clothes를 발음할 때 th 발음을 살리려고 [θ]로 발음하는 경우가 있는데요. 이 단어는 오히려 th 발음을 죽여 close(닫다)와 같은 [klouz]의 발음에 가깝습니다.

☑ 한눈에 익히는 필수 단어

(shopping) mall
쇼핑몰

accessories
액세서리

browse
둘러보다

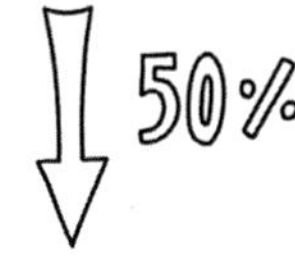

buy
구입하다

buy one, get one
1+1 행사 제품

discount
할인하다

take
가져가다

put back
제자리에 돌려놓다

clothes
옷

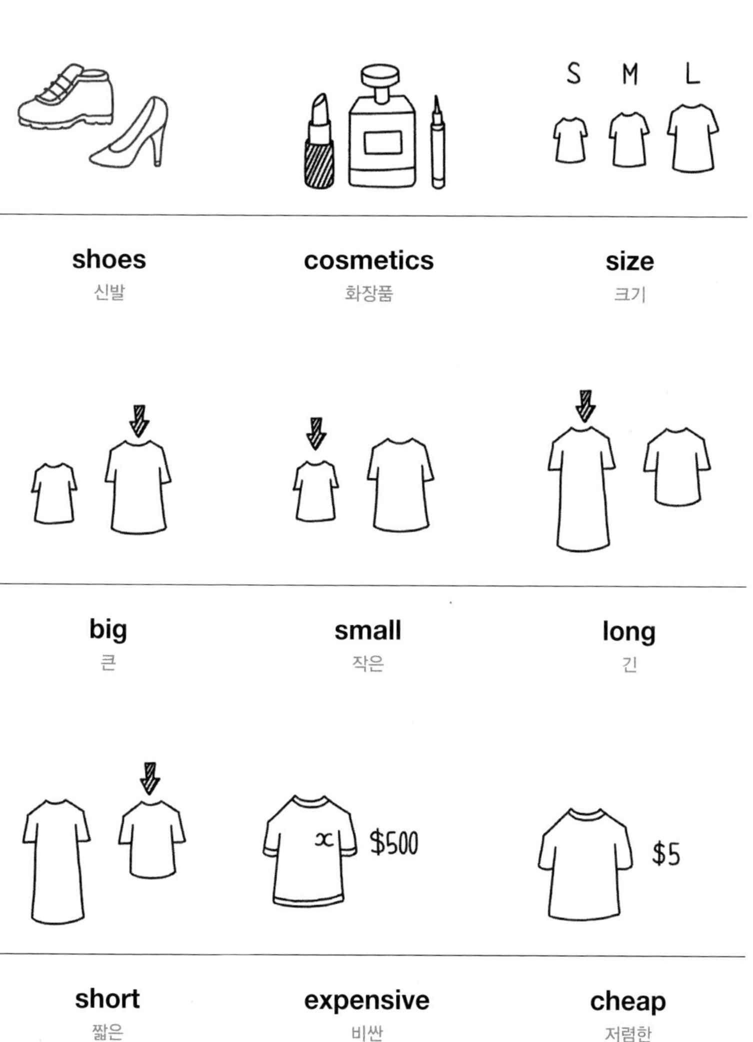

우리가 흔히 '1+1'이라고 부르는 행사는 영어로 'Buy one, get one(하나 사면 하나 증정)'이라고 합니다. 줄여서 BOGO라고 쓰여 있을 때도 많으니까 놓치지 말고 꼭 챙기세요!

20 이 가운데 자리로 주세요.

I'll take the one in the middle.

영화관에 가면 영화표만 구매하면 된다? 아니죠. 티켓 종류부터 좌석 선택까지 은근히 다양한 표현이 사용되는 곳이 영화관인데요. 이번에 소개하는 핵심 문장과 단어들만 익혀 두어도 가장 좋은 자리에서 즐거운 마음으로 영화를 감상하실 수 있을 거예요.

Please, select your seat on the screen.

Oh, there's one seat left in the middle row!

I'll take the one in the middle.

Getting a middle row seat, 5 minutes before start time.
MIRINA
A

A 화면을 보고 좌석을 골라 주세요.

B 오, 중앙 열 자리가 딱 하나 남았잖아?

B 이 가운데 자리로 주세요.

B 상영 시작 5분 전에 가운데 자리를 얻다니!

쓸모 있는 핵심 표현

무조건 쓰게 되는 핵심 회화 표현

Please, select your seat on the screen.

화면을 보고 좌석을 골라 주세요.

I'll take the one in the middle.

이 가운데 자리로 주세요.

활용도 100% 현지 표현

▶ Can I get two tickets for *The Monsters*, please?
〈몬스터즈〉 티켓 두 장 주시겠어요?

▶ What time would you like the tickets for?
몇 시 영화로 하시겠어요?

▶ I'll get two adults for the 2 p.m. show.
2시 영화로 성인 티켓 두 장 주세요.

▶ When is the next showing?
다음 상영은 몇 시인가요?

▶ What's the running time?
상영 시간이 얼마나 되나요?

▶ I'd like the seats together.
나란히 붙어 있는 자리로 주세요.

▶ What's the total?
총 얼마인가요?

미국에서는 영화관 매점을 주로 concession stand라고 부르지만, 영국에서는 snack bar 혹은 snack kiosk라고 부르기도 해요.

☑ 한눈에 익히는 필수 단어

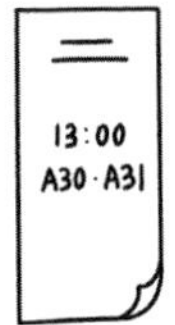

movie	theater	ticket
영화	극장	입장권

box office	seat	screen
매표소	좌석	화면

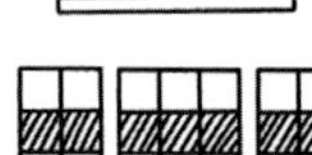

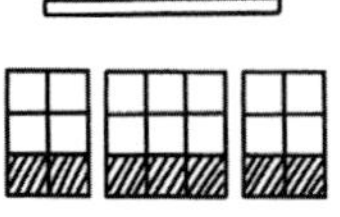

middle	front row	back row
중앙	앞쪽 열	뒤쪽 열

action movie
액션 영화

animated movie
애니메이션 영화

horror movie
공포 영화

romantic movie
멜로 영화

running time
상영 시간

concession stand
매점

snack
간식

drink
음료

parking ticket
주차권

'애니메이션' 장르는 animation이 아니라 animated movie라고 불러요. animated film, animated feature 등 다양한 응용 표현이 가능하지만 animation은 콩글리시라는 점을 기억해 주세요.

Review

핵심 표현 리뷰

Unit 16~20

다음 주어진 우리말을 영어로 말해 보세요.

1 보증금은 얼마인가요?

2 조정 가능한가요?

3 계좌를 개설하고 싶어요.

4 환율이 어떻게 되나요?

5 유제품 코너에 있어요.

6 현금으로 결제할게요.

7 이거 입어 볼 수 있을까요?

8 이게 할인된 가격인가요?

9 총 얼마인가요?

10 상영 시간이 얼마나 되나요?

정답 **01** How much is the deposit? **02** Is it negotiable? **03** I'd like to open an account. **04** What is the exchange rate? **05** It's in the dairy section. **06** I'll pay with cash. **07** Can I try this on? **08** Is it the discounted price? **09** What's the total? **10** What's the running time?

Unit
21~25

21 **박물관 & 미술관**_시설 이용하기

22 **도서관**_도서 대여하기

23 **놀이공원**_시설 이용하기

24 **공연장 & 경기장**_티켓 구매하기

25 **미용실**_머리하기

21 박물관 안내도를 받을 수 있을까요?

Can I get a map of the museum?

귀중한 미술품과 전시물을 감상할 수 있지만, 그만큼 매너를 잘 지켜야 하는 곳이 박물관과 미술관이죠. 위치나 시간을 묻는 기본적인 회화부터 사진 촬영과 가이드 투어에 대해 질문하는 응용 표현까지, 확실히 배워 봐요!

A (안내 센터) 박물관 안내도를 받을 수 있을까요?

B 그럼요.

B 여기 있습니다.

A 감사합니다.

A 이게 뭐지?

A 세상에, 한국어 팸플릿이잖아. 직원 분 센스가 보통이 아니네!

무조건 쓰게 되는 핵심 회화 표현

Where is the information center?

안내 센터는 어디 있나요?

It is located on the first floor.

안내 센터는 1층에 있습니다.

활용도 100% 현지 표현

▶ Can I check my bag?

가방을 맡길 수 있나요?

▶ Can I get a map of the museum?

박물관 안내도를 받을 수 있을까요?

▶ Do you have a pamphlet in Korean?

한국어로 된 팸플릿이 있나요?

▶ What time do you close?

몇 시에 폐관하나요?

▶ Can I take a picture here?

사진을 촬영해도 되나요?

▶ Do you have a guided tour?

가이드 투어가 있나요?

▶ I want to sign up for a gallery tour.

미술관 투어를 신청하고 싶어요.

museum은 박물관과 미술관을 통칭하는 표현이에요. 유물 위주로 된 곳은 박물관, 예술 작품 위주로 전시된 곳은 미술관이라고 보면 되겠죠? 가이드 투어는 우리가 흔히 쓰는 표현인 guide tour가 아니라 guided tour라고 불러요.

☑ 한눈에 익히는 필수 단어

museum
박물관/미술관

gallery
미술관/화랑

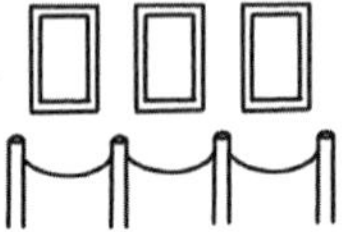

exhibition
전시회

artist
작가

information center
안내 센터

map
안내도

admission fee
관람료

free of charge
무료

brochure
안내책자

coat room
물품 보관소

souvenir shop
기념품 가게

docent
안내자(도슨트)

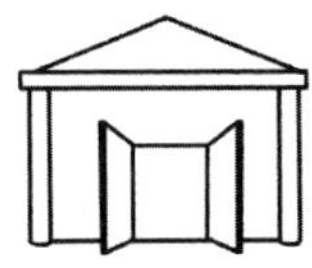

audio guide
오디오 가이드

guided tour
가이드 투어

open
열다(개관하다)

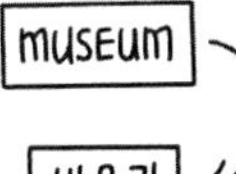

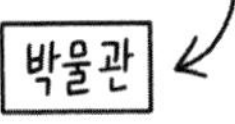

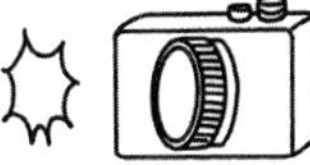

close
닫다(폐관하다)

in Korean
한국어로 된

take a picture
사진을 찍다

brochure는 프랑스어에서 유래된 단어로 다소 특이한 발음과 강세를 가지고 있어요. 중간의 chu가 마치 shu처럼 [ʃ]로 발음되거든요. bro–CHU–er 느낌으로 가운데에 강세를 넣고 발음해 주세요.

22 반납일은 언제죠?

What's the due date?

도서관을 잘 이용하면 수많은 책들을 무료로 읽을 수 있지만, 그만큼 규칙을 잘 지켜야 해요. 대출 한도를 착각해서 원하는 책을 빌리지 못하거나 반납일을 놓쳐서 연체료를 물면 안 되겠죠? 이런 정보들을 놓치지 않게 해 줄 표현을 함께 배워 볼까요?

I'd like to check out this book. What's the due date?

You have to return it by next Tuesday.

But this is over 500 pages. Can I get an extension?

Yes. You can extend the due date by two weeks.

A 이 책을 빌리고 싶은데요. 반납일이 언제죠?

B 다음 주 화요일까지 반납하셔야 해요.

A 하지만 이 책은 500페이지가 넘는 걸요. 연장할 수 있을까요?

B 네. 2주까지 연장 가능해요.

쓸모 있는 핵심 표현

무조건 쓰게 되는 핵심 회화 표현

I'd like to sign up for a library card.

대출증을 만들고 싶은데요.

Okay, please fill out this form.

이 양식을 작성해 주세요.

활용도 100% 현지 표현

▶ Do I have to pay for that?
비용을 지불해야 하나요?

▶ How many books can I check out at a time?
한 번에 몇 권을 빌릴 수 있나요?

▶ I'd like to check out this book.
이 책을 빌리고 싶은데요.

▶ What's the due date?
반납일은 언제죠?

▶ Can I get an extension on the due date?
반납일을 연장할 수 있나요?

▶ Where is the magazine section?
잡지는 어디서 볼 수 있나요?

▶ What newspapers are there?
어떤 신문을 구비해 두고 있나요?

borrow a book이라고 하면 지인에게 빌린다는 뜻일 수도 있지만, check out a book이라고 하면 도서관에서 공식적으로 대출한다는 의미가 더 명확히 전달됩니다.

☑ 한눈에 익히는 필수 단어

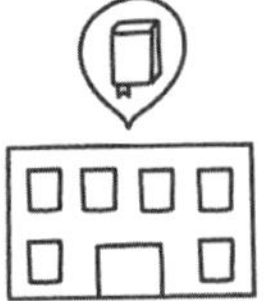

library
도서관

librarian
사서

library card
대출증

pay for
비용을 지불하다

book
책

bookshelf
책장

magazine
잡지

newspaper
신문

reading room
열람실

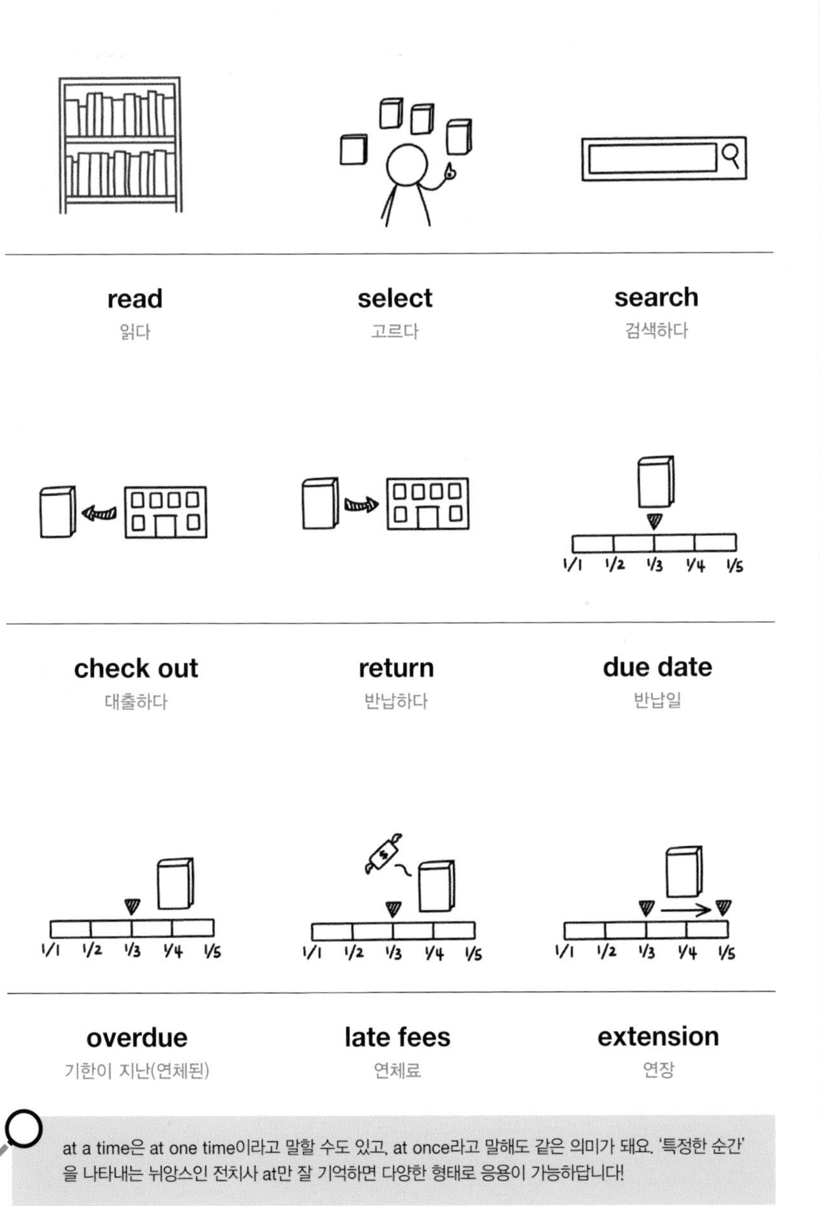

at a time은 at one time이라고 말할 수도 있고, at once라고 말해도 같은 의미가 돼요. '특정한 순간'을 나타내는 뉘앙스인 전치사 at만 잘 기억하면 다양한 형태로 응용이 가능하답니다!

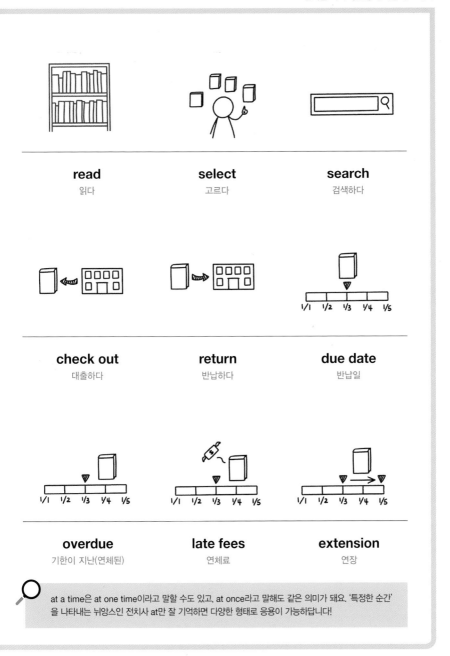

몇 시에 폐장하나요?

How late is this open?

꿈과 희망이 가득한 환상의 나라, 놀이공원. 하지만 입장이나 기구 탑승에 필요한 기본적인 회화를 모른다면 제대로 즐기기가 어렵겠죠. 티켓을 구입하고, 소지품을 보관하고, 대기 시간을 확인하는 놀이공원 필수 표현들을 이번에 제대로 배워 봐요!

A 자유 이용권을 샀는데요.

A 몇 시에 폐장하나요? **B** 오후 6시에 폐장이에요.

A 소지품 보관함은 어디 있죠? **B** 저쪽이에요.

A 준비는 끝났어. 여기 있는 롤러코스터 다 탈 거야!

쓸모 있는 핵심 표현

무조건 쓰게 되는 핵심 회화 표현

What's the parking fee here?

주차료는 얼마인가요?

It is 3 dollars per hour.

주차료는 1시간에 3달러입니다.

활용도 100% 현지 표현

▶ Where can I buy admission tickets?

입장권은 어디서 살 수 있나요?

▶ How much is the admission for two adults?

성인 2명 입장권은 얼마인가요?

▶ Three all-day passes, please.

1일 자유 이용권 3장 주세요.

▶ How late are you open?

몇 시까지 문을 여나요?

▶ Where are the lockers?

소지품 보관함은 어디 있나요?

▶ I'm 152 centimeters tall. Can I ride it?

키가 152cm인데, 이 기구를 탈 수 있나요?

▶ How long is the wait for this ride?

이 기구를 타려면 얼마나 기다려야 하나요?

종일 놀이기구를 마음대로 탈 수 있는 자유 이용권은 all-day ticket 외에도 free pass, one-day pass, single-day ticket 등 다양한 이름으로 불립니다.

한눈에 익히는 필수 단어

amusement park
놀이공원

water park
수영장(워터 파크)

admission (ticket)
입장권

all-day pass
자유 이용권

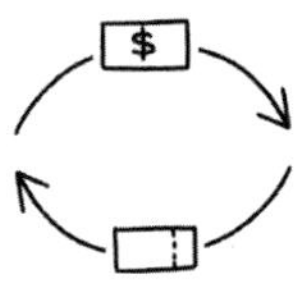

buy
구입하다

roller-coaster
롤러코스터

carousel
회전목마

ferris wheel
관람차

bumper car
범퍼카

fireworks
불꽃놀이

snack bar
매점

souvenir
기념품

(waiting) line
대기 줄

safety bar
안전 바

locker
소지품 보관함

sunscreen
선크림

scary
무서운

fun
즐거운

무심코 쓰는 콩글리시 중 하나가 바로 '선크림'인데요. 원어민들은 크림이라는 화장품의 '종류'보다 햇빛을 차당하는 '기능'에 더 초점을 맞춰서 sunscreen 혹은 sunblock이라는 표현을 사용합니다.

24 너무 감동적이야.

It was so touching.

공연과 경기는 늘 '라이브'로 진행되는 만큼 한 번 기회를 놓치면 두 번 다시 같은 순간을 감상할 수 없죠. 스케줄 확인부터 티켓 구매까지, 공연장과 경기장에 입장하기 위해 꼭 필요한 핵심 문장과 단어들을 익혀 두었다가 운명의 공연(경기)을 놓치지 말고 즐겨 보세요!

A 오늘 저녁에는 어떤 공연을 하죠? B 〈레 미제라블〉이 상연될 거예요.

A 성인용으로 표 한 장 주세요.

A (공연 종료 후) 세상에, 너무 감동적이야

A (매표소로 달려가며) 내일 표도 성인용으로 한 장 주세요!

쓸모 있는 핵심 표현

무조건 쓰게 되는 핵심 회화 표현

What's on tonight?

오늘 저녁에는 어떤 공연을 하죠?

***Les Miserables* will be on stage.**

〈레 미제라블〉이 상연될 거예요.

활용도 100% 현지 표현

▶ Are tickets for tonight still available?
오늘 예약 가능한 표가 남아 있나요?

▶ Can I have a program, please?
팸플릿 한 장 주시겠어요?

▶ Is there an intermission?
중간에 휴게 시간이 있나요?

▶ Are there any baseball game today?
오늘 야구 경기가 있나요?

▶ Which teams are playing?
어떤 팀끼리 붙죠?

▶ When does it begin?
경기가 언제 시작하나요?

▶ How much does the ticket cost?
티켓은 얼마인가요?

What's on tonight?은 What's on stage tonight?(오늘 저녁에는 어떤 공연이 무대에 오르나요?)를 줄인 표현이에요.

☑ 한눈에 익히는 필수 단어

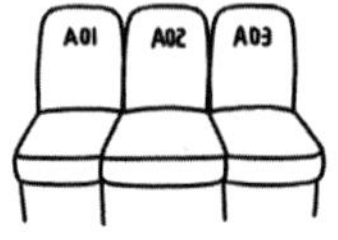

theater 극장

stage 무대

seat 좌석

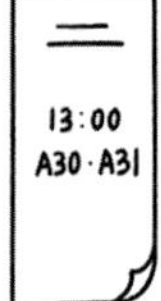

entrance 입구

exit 출구

ticket 표

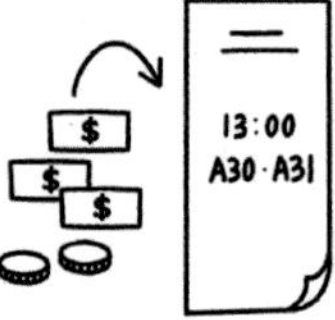

cost 가격

adult 성인

child 어린이

play
연극

musical
뮤지컬

concert

콘서트

game
(스포츠) 경기

team

(스포츠) 팀

audience
관객

poster
포스터

available
가능한

unavailable
불가능한

theater는 '영화관'이라는 뜻도 되고 뮤지컬이나 콘서트를 상연하는 '극장'이라는 뜻도 되는데요. 영국식 영어에서는 theatre로 적는다는 점을 기억해 두면 좋아요. 의미는 완전히 똑같답니다.

25 머리카락을 다듬어 주세요.

I'd like my hair trimmed.

나를 돋보이게 해 줄 헤어스타일을 원한다면 미용실에서 원하는 머리 모양을 정확히 설명할 수 있어야겠죠? 길이 조절부터 염색까지, 웨이브 펌에서 스트레이트 펌까지! 이번에 소개하는 핵심 표현들을 익혀 두면 원하는 스타일을 묻는 미용사 앞에서 우물쭈물할 필요가 없어요.

A 오늘은 머리를 어떻게 해 드릴까요?

B 머리카락을 다듬어 주세요.

A 숱을 쳐 드릴까요?

B 네. 하지만 바리캉은 사용하지 말아 주세요.

무조건 쓰게 되는 핵심 회화 표현

What would you like to have done?

머리를 어떻게 해 드릴까요?

I'd like my hair trimmed.

머리카락을 다듬어 주세요.

활용도 100% 현지 표현

▸ I want my hair cut shoulder-length.
어깨 길이로 잘라 주세요.

▸ I'd like my hair trimmed.
머리카락을 다듬어 주세요.

▸ I want to get my hair colored.
염색하고 싶어요.

▸ I want to get a straight perm.
스트레이트 파마를 받고 싶어요.

▸ Can I get this style like the picture?
이 사진처럼 해 주실 수 있나요?

▸ Can I pick a style from a magazine?
잡지에서 스타일을 골라도 되나요?

▸ Just a little shorter, please.
조금만 더 짧게 잘라 주세요.

우리가 흔히 '바리캉'이라고 부르는 전기 이발기는 프랑스어 'bariquand'에서 유래한 단어예요. 영어로는 '(hair) clipper'라고 합니다.

☑ 한눈에 익히는 필수 단어

hair salon
미용실

hairdresser
미용사

(hair) cut
(머리를) 자르다

trim
다듬다

color
염색하다

perm
파마

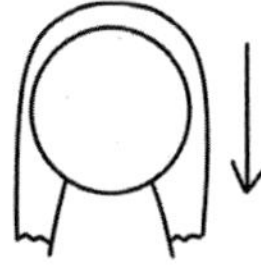

straight perm
스트레이트 파마

wavy perm
웨이브 파마

clipper
바리캉

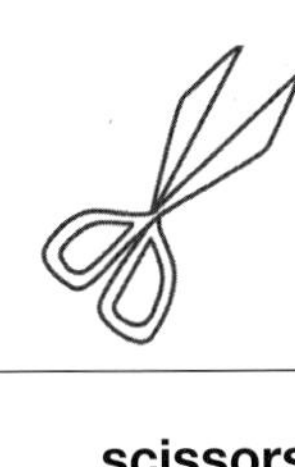

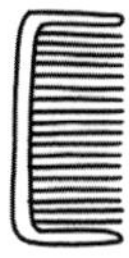

scissors
가위

hair dryer
드라이어

brush
빗

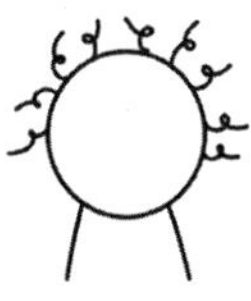

wax
왁스

gel
젤

curly hair
곱슬머리

bangs
앞머리

pony tail
묶음 머리

magazine
잡지

'웨이브 펌' 같은 표현을 많이 쓰기 때문에 이런 스타일을 'wave'라고 생각하기 쉽지만, wave는 물결 자체를 가리키는 명사이고 물결 같은 모양은 형용사인 wavy(구불거리는)로 표현해야 합니다.

Review

핵심 표현 리뷰

Unit 21~25

다음 주어진 우리말을 영어로 말해 보세요.

1 가방을 맡길 수 있나요?

2 몇 시에 폐관하나요?

3 반납일은 언제죠?

4 반납일을 연장할 수 있나요?

5 주차료는 얼마인가요?

6 소지품 보관함은 어디 있나요?

7 오늘 저녁에는 어떤 공연을 하죠?

8 중간에 휴게 시간이 있나요?

9 머리카락을 다듬어 주세요.

10 머리를 어떻게 해 드릴까요?

정답 **01** Can I check my bag? **02** What time do you close? **03** What's the due date? **04** Can I get an extension on the due date? **05** What's the parking fee here? **06** Where are the lockers? **07** What's on tonight? **08** Is there an intermission? **09** I'd like my hair trimmed. **10** What would you like to have done?

Unit
26~30

26 **세탁소**_옷 맡기기

27 **우체국**_소포 발송하기

28 **약국**_증상 말하기

29 **병원 (1)**_접수하기

30 **병원 (2)**_내과 및 외과 이용하기

26 이 셔츠 드라이클리닝해 주세요.

I'd like this shirt dry-cleaned.

기본적인 물세탁부터 섬세한 드라이클리닝이나 수선까지, 세탁소에서 활용 가능한 문장들을 익혀 두면 아끼는 옷을 소중하게 관리할 수 있어요. 이번에 소개하는 표현들을 머릿속에 잘 저장해 두었다가 원하는 서비스를 이용해 보세요!

A 이 셔츠 드라이클리닝해 주세요.

A 이 얼룩을 지울 수 있나요? **B** 그럼요, 손님.

A 언제 찾으러 오면 되나요? **B** 내일 오시면 돼요.

A 잘됐네요! 주말에 이 옷이 필요하거든요.

쓸모 있는 핵심 표현

무조건 쓰게 되는 핵심 회화 표현

I'd like this shirt dry-cleaned.

이 셔츠 드라이클리닝해 주세요.

You can pick it up on Thursday.

목요일에 찾으러 오시면 됩니다.

활용도 100% 현지 표현

▶ I'd like to have these clothes washed.

이 옷들을 세탁해 주세요.

▶ Can you get this stain out?

이 얼룩을 지울 수 있나요?

▶ Can you iron it?

이 옷을 다려 주실 수 있나요?

▶ Could you hem these pants?

이 바지 기장을 줄여 주실 수 있나요?

▶ When should I pick it up?

언제 찾으러 오면 되나요?

▶ I need this by the day after tomorrow.

모레까지 해 주세요.

▶ I'm here for my laundry.

세탁물을 찾으러 왔는데요.

미국에서는 저렴한 대신 손님이 직접 세탁하는 코인 세탁소(coin laundry)를 laundromat라고도 부른답니다.

☑ 한눈에 익히는 필수 단어

laundry
세탁소

coin laundry
코인 세탁소

clothes
옷

shirt
셔츠

pants
바지

sweater
스웨터

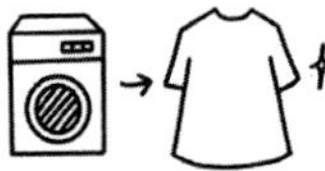

dress
원피스

wash
세탁하다

hand wash
손세탁하다

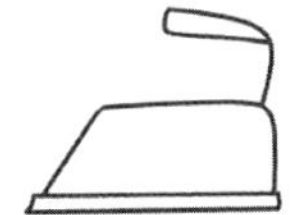
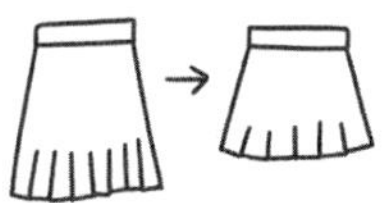

dry-clean
드라이클리닝하다

iron
다림질하다

shorten
줄이다

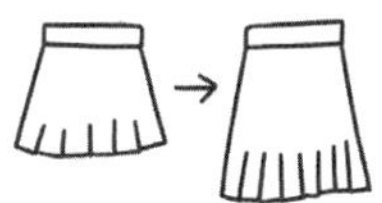
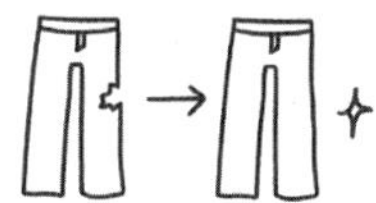

lengthen
늘이다

fix
고치다

stain
얼룩

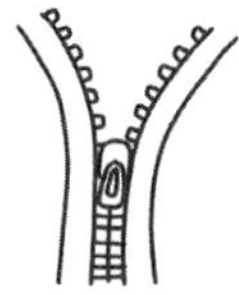

zipper
지퍼

drop off
맡기다

pick up
찾아가다

zipper는 발음하기 쉽지 않은 단어예요. '지퍼'라고 발음하면 'jipper'라고 전달되면서 알아듣기가 쉽지 않습니다. 윗니와 아랫니 사이에 공간을 만들고 혀로 공기를 내보내면서 z발음을 확실히 살려 주세요.

27 이 소포를 한국으로 보내고 싶어요.

I'd like to send this parcel to Korea.

물건을 보낼 때 어떤 서비스를 선택하느냐에 따라 소요되는 시간과 비용이 천차만별이죠. 우체국 회화에 필요한 단어들을 익혀 두면 필요한 서비스를 정확하게 확인하고 전달할 수 있어요. 깨지기 쉬운 물건은 '취급 주의 스티커를 붙여 주세요'와 같은 요청을 할 수도 있겠죠?

A 이 소포를 한국으로 보내고 싶어요.

B 항공편으로 보낼까요, 배편으로 보낼까요?

A 항공 우편은 비용이 어떻게 되죠? **B** 80달러입니다.

A 너무 비싸네요. 배편으로 보내 주세요.

쓸모 있는 핵심 표현

무조건 쓰게 되는 핵심 회화 표현

I'd like to send this parcel to Korea.

이 소포를 한국으로 보내고 싶은데요.

By airmail or surface mail?

항공편으로 보낼까요, 배편으로 보낼까요?

활용도 100% 현지 표현

▶ How long will it take to arrive in Korea?

한국에 도착하는 데 얼마나 걸릴까요?

▶ Which is the fastest way to send this to Korea?

이걸 한국으로 보내는 가장 빠른 방법이 뭐죠?

▶ By registered mail, please.

등기 우편으로 보내 주세요.

▶ How much does airmail cost?

항공 우편은 비용이 어떻게 되죠?

▶ What's the express charge?

빠른 우편 요금은 얼마예요?

▶ Put a fragile sticker on it, please.

취급 주의 스티커를 붙여 주세요.

▶ Can I get a receipt, please?

영수증 주시겠어요?

우체국에서 가장 흔히 보내는 보통 우편(regular mail)은 ordinary mail이라고 부르기도 해요.

☑ 한눈에 익히는 필수 단어

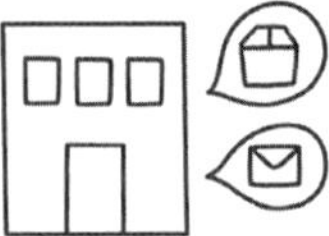

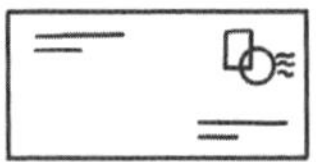

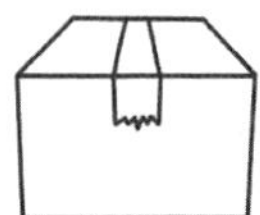

post office
우체국

letter
편지

parcel
소포

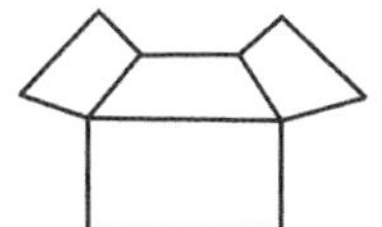

address
주소

zip code
우편번호

box
상자

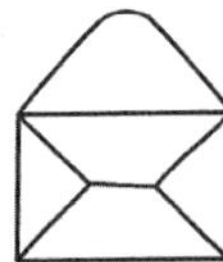

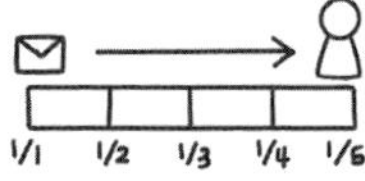

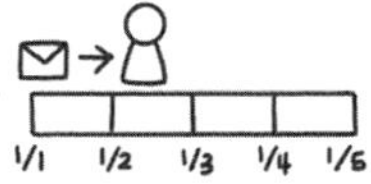

envelope
봉투

regular mail
보통 우편

express mail
빠른 우편

registered mail
등기 우편

international mail
국제 우편

airmail
항공 우편

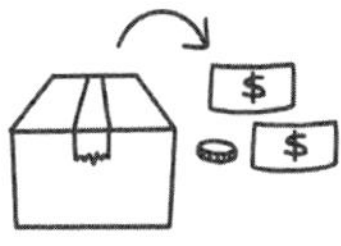

surface mail
선박 우편

delivery
배달

charge
요금

receipt
영수증

fragile
깨지기 쉬운

fragile sticker
취급 주의 스티커

receipt는 발음에 함정이 많아요. 중간의 c가 s처럼 발음된다는 점과 끝부분의 p가 묵음 처리 된다는 점을 기억해 주세요. 발음기호 [rɪsiːt]를 보면 확실히 아시겠죠? 're–si–t'로 발음하면 됩니다.

28 증상이 어떻죠?

What are your symptoms?

해외에서 아플 때만큼 힘든 순간이 있을까요? 아픈 것도 서러운데, 영어로 말이 안 나와서 필요한 약조차 구입하지 못한다면 얼마나 힘들겠어요. 약사에게 내 증상이나 알레르기 정보 등을 정확히 설명하려면 약국 필수 회화 표현들을 반드시 익혀 주세요!

A 감기약 좀 주세요.

B 증상이 어떻죠?

A 일주일 동안 심한 기침을 했어요.

B 네. 약을 드릴게요.

A 감사합니다.

B 하루에 세 번, 식후에 드세요.

무조건 쓰게 되는 핵심 회화 표현

What are your symptoms?

증상이 어떨죠?

I have had a bad cough for a week.

일주일 동안 심한 기침을 했어요.

활용도 100% 현지 표현

- I need some headache medicine.
  두통약 좀 주세요.
- Can I buy this without prescription?
  이 약은 처방전 없이 살 수 있나요?
- Here is the prescription.
  여기 처방전요.
- How should I take this?
  어떻게 복용해야 하나요?
- Should I take it after meals?
  식후에 먹어야 하나요?
- There aren't any side effects, are there?
  부작용은 없나요?
- I'm allergic to aspirin.
  저는 아스피린 알레르기가 있어요.

cough는 발음을 유추하기 어려운 단어 중 하나예요. 끝부분의 gh가 f 소리로 바뀌기 때문에 'couf'라는 단어를 읽는다고 생각하고 발음해 주세요.

☑ 한눈에 익히는 필수 단어

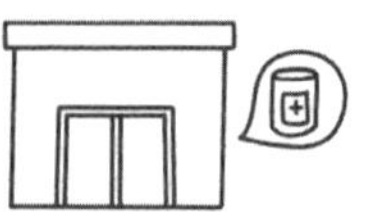

pharmacy (drugstore)
약국

pharmacist
약사

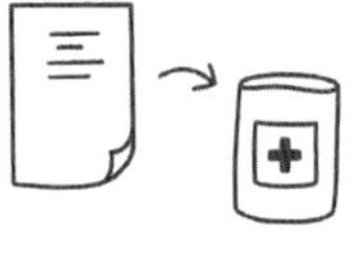

prescription
처방전

medicine
약

pill
알약

sleeping pill
수면제

painkiller
진통제

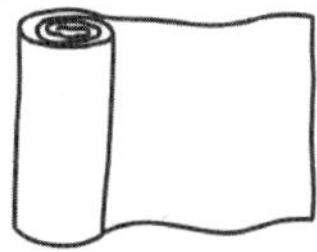

bandage
붕대

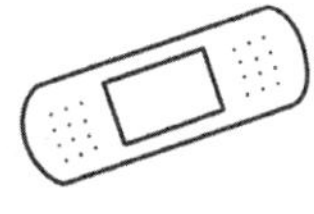

sticking plaster
반창고

symptom
증상

cold
감기

cough
기침

dizzy
어지러운

headache
두통

stomachache
복통

scratch
상처

side effect
부작용

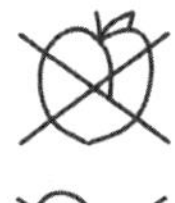

allergy
알레르기

반창고의 정식 이름은 'sticking plaster'이지만 실제 회화에서는 상표명인 'Band Aid'가 더 많이 쓰여요. 대O밴드와 같은 개념이라고 보면 이해하기 쉽겠죠?

예약을 하려고 전화했습니다.

I'm calling to make an appointment.

약국만으로 해결되지 않을 때는 병원을 찾아야겠죠. 의사와 간호사에게 증상을 설명하는 본격적인 병원 회화를 공부하기 전에, 진료 예약이나 보험 정보 확인에 필요한 기본적이면서도 필수적인 문장과 단어들을 배워 볼까요?

A 예약을 하려고 전화했습니다.

A 이비인후과 전문의가 있나요?

A 목요일에 예약 가능한가요?

A 좋네요. 그럼 스미스 선생님과 예약을 잡고 싶어요.

쓸모 있는 핵심 표현

무조건 쓰게 되는 핵심 회화 표현

Hello, this is doctor Kim's office.

안녕하세요. 김 선생님 진료실입니다.

I'm calling to make an appointment.

예약을 하려고 전화했습니다.

활용도 100% 현지 표현

▶ How long do you stay open?

몇 시까지 진료를 보나요?

▶ I want to change my appointment.

예약을 변경하고 싶어요.

▶ Do you take walk-ins?

예약 없이 온 환자도 받으시나요?

▶ Do you have an ear, nose, and throat specialist?

이비인후과 전문의가 있나요?

▶ Can I get a doctor's note?

진단서를 받을 수 있을까요?

▶ Does my insurance cover my treatment?

치료비를 보험으로 처리할 수 있나요?

▶ I need medical documents for my insurance.

보험 회사 제출용 서류가 필요해요.

병원에 연락해서 내가 원하는 과를 설명할 때는 'department of OO'라고 하면 됩니다. 내과는 department of internal medicine이 됩니다.

☑ 한눈에 익히는 필수 단어

hospital
병원

doctor
의사

nurse
간호사

specialist
전문의

appointment
예약

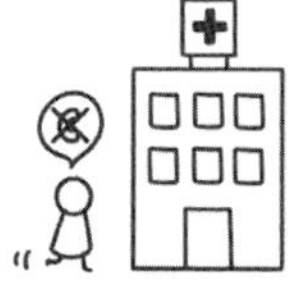

walk-in
예약 없이 온 손님

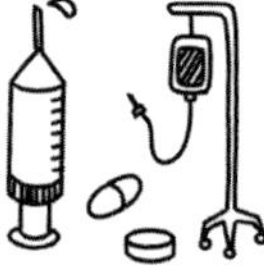

(medical) treatment
진료

(medical) check up
검진

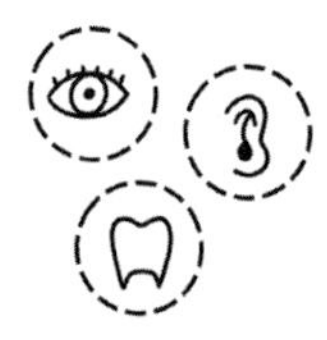

department
(내과, 외과 등의) 과

internal medicine
내과

general surgery
외과

pediatrics
소아과

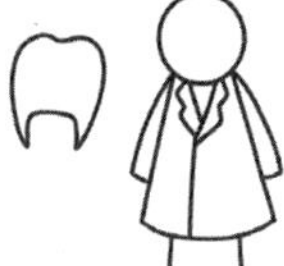

ENT (ear, nose, and throat)
이비인후과

dental clinic
치과

dermatology
피부과

medical insurance
의료 보험

document
서류

doctor's note
진단서

병원 관련 어휘는 의학적인 용어들이 많아 쉽지 않은데요. 그중에서도 pediatrics는 발음하기 특히 까다로운 단어예요. 중간의 'a'에 강세를 넣는다고 생각하고 pe–di–A–trics라고 발음해야 합니다.

30 발목을 삔 것 같아요.

I think I twisted my ankle.

병원에는 다양한 과가 있지만, 우리가 일상생활에서 가장 많이 찾게 되는 곳이 바로 내과와 외과가 아닐까 싶어요. 두통이나 복통 같은 통증부터 기침, 호흡, 저림 같은 구체적인 증상들을 영어로 정확하게 전달하고 싶다면 핵심 표현들을 놓치지 말고 확인해 주세요!

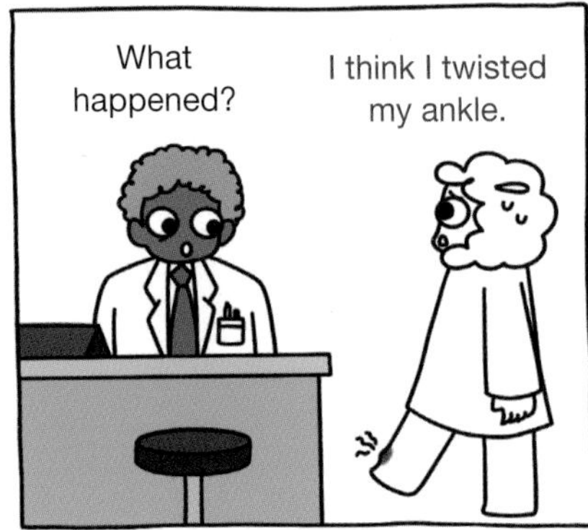

A 어디가 아프세요?

B 발목을 삔 것 같아요.

B 통증 때문에 걸을 수가 없어요.

A 어디 봅시다. 이런, 상태가 꽤 심각하네요.

A 나으려면 일주일 이상 걸리겠어요.

무조건 쓰게 되는 핵심 회화 표현

What brings you here?

어떻게 오셨나요?

I think I twisted my ankle.

발목을 삔 것 같아요.

활용도 100% 현지 표현

▶ I have a fever of 39 degrees Celsius.

저 열이 섭씨 39도예요.

▶ I've had stomachache for two days.

이틀째 복통이 있어요.

▶ It's hard to breathe.

숨 쉬기가 힘들어요.

▶ I have a cough and stuffy nose.

기침이 나오고 코가 막혀요.

▶ I have pain in my knee.

무릎이 아파요.

▶ It hurts too much to walk.

통증 때문에 걸을 수가 없어요.

▶ My wrist tingles really badly.

손목이 심하게 저려요.

영어권 국가라도 온도에 대한 단위 기준은 서로 다른데요. 미국은 화씨(Fahrenheit)를, 영국이나 캐나다는 섭씨(Celsius)를 채택하고 있습니다. 따라서 체온을 비롯한 온도를 얘기할 때는 혼란을 방지할 수 있도록 꼭 Celsius, Fahrenheit을 붙이는 게 좋아요.

☑ 한눈에 익히는 필수 단어

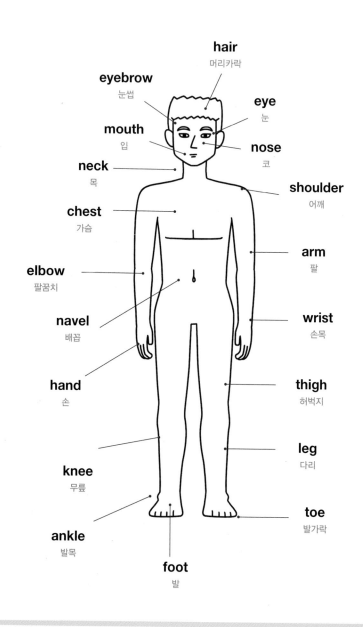

hair
머리카락

eyebrow
눈썹

eye
눈

mouth
입

nose
코

neck
목

shoulder
어깨

chest
가슴

arm
팔

elbow
팔꿈치

navel
배꼽

wrist
손목

hand
손

thigh
허벅지

leg
다리

knee
무릎

toe
발가락

ankle
발목

foot
발

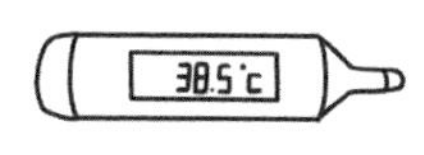

pain
통증

fever
열

stomachache
복통

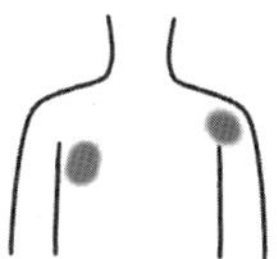

cough
기침

runny nose
콧물

bruise
멍이 생기다

swell
붓다

twist
삐다, 접질리다

fracture
골절이 되다

우리가 두통이나 치통처럼 통증을 동반하는 증상을 '-통'이라고 부르듯이, 영어에서는 단어 끝에 -ache 라는 표현을 붙여서 이런 내용을 나타내요. stomach+ache = stomachache(복통)

핵심 표현 리뷰

다음 주어진 우리말을 영어로 말해 보세요.

Unit 26~30

1 이 옷을 다려 주실 수 있나요?

2 이 얼룩을 지울 수 있나요?

3 항공편으로 보낼까요, 배편으로 보낼까요?

4 빠른 우편 요금은 얼마예요?

5 여기 처방전요.

6 저는 아스피린 알레르기가 있어요.

7 몇 시까지 진료를 보나요?

8 진단서를 받을 수 있을까요?

9 발목을 삔 것 같아요.

10 무릎이 아파요.

정답 01 Can you iron it? 02 Can you get this stain out? 03 By airmail or surface mail? 04 What's the express charge? 05 Here is the prescription. 06 I'm allergic to aspirin. 07 How long do you stay open? 08 Can I get a doctor's note? 09 I think I twisted my ankle. 10 I have pain in my knee.

Unit
31~35

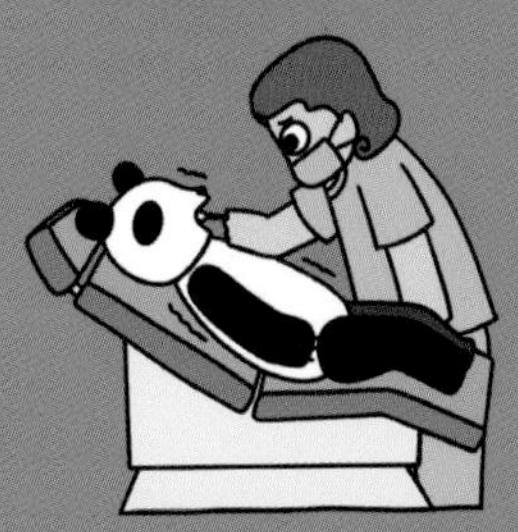

31 치통이 너무 심해요.

I have a bad toothache.

치과와 피부과는 '치아'와 '피부'라는 구체적인 범위가 정해져 있는 만큼 더 세부적인 단어와 표현이 사용되는 편인데요. 치통이나 가려움 같은 기본적인 불편함부터 두드러기, 부기 같은 세세한 증상까지 정확하게 설명하고 전달하는 방법을 함께 배워 봐요!

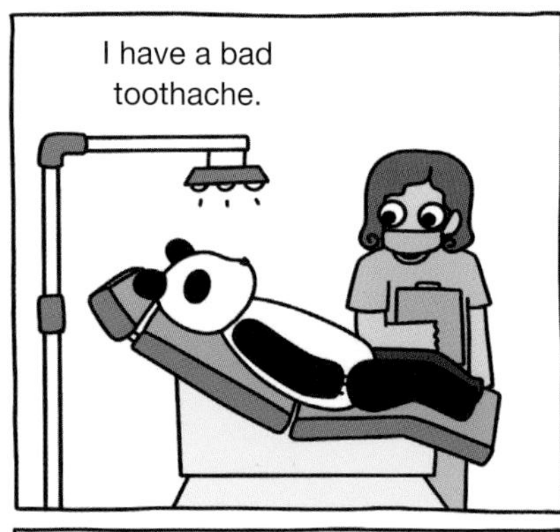
I have a bad toothache.

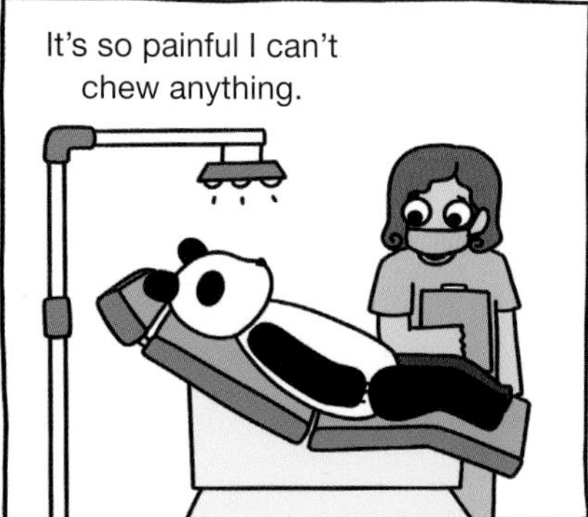
It's so painful I can't chew anything.

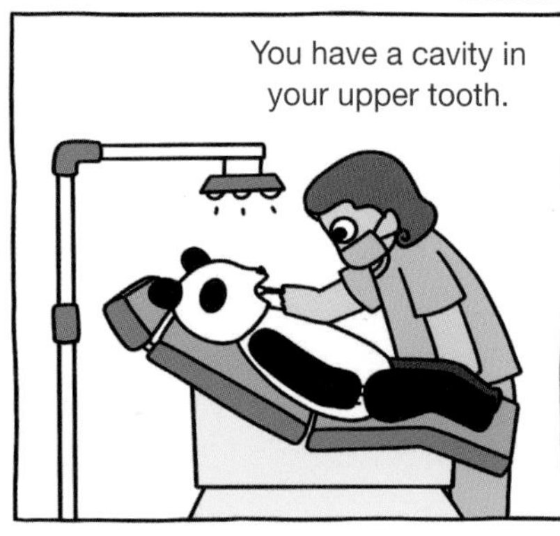
You have a cavity in your upper tooth.

Does it need to be pulled out?
Yes, I'm afraid so.

A 치통이 너무 심해요.

A 치통이 너무 심해요. 너무 아파서 아무것도 씹을 수가 없어요.

B 위쪽에 충치가 있네요.

A 뽑아야 할까요?

B 유감이지만 그래야 할 것 같네요.

무조건 쓰게 되는 핵심 회화 표현

What can I do for you?

어떻게 도와드릴까요?

My gums are bleeding.

잇몸에서 피가 나요.

활용도 100% 현지 표현

▶ Can I get my teeth cleaned?
스케일링을 받을 수 있을까요?

▶ I've got sensitive teeth.
이가 시려요.

▶ I have a bad toothache.
치통이 너무 심해요.

▶ I've got hives on my face.
얼굴에 두드러기가 났어요.

▶ I itch all over my body.
온몸이 가려워요.

▶ It feels sore when I touch it.
만지면 따가워요.

▶ My cheeks are red and swollen.
뺨이 붉게 달아오르며 부었어요.

우리가 흔히 '스케일링'이라고 부르는 치석 제거 시술은 영어로 scaling이 아니라 teeth cleaning이라고 합니다.

☑ 한눈에 익히는 필수 단어

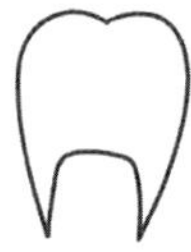

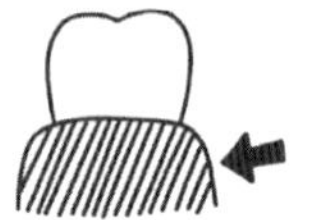

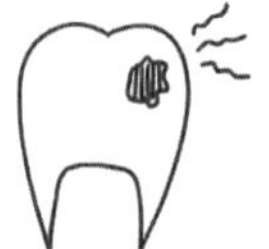

tooth
치아

gum
잇몸

cavity
충치

toothache
치통

bleed
피를 흘리다

teeth cleaning
스케일링

sensitive tooth
시린 치아

loose tooth
흔들리는 치아

pull out
뽑다

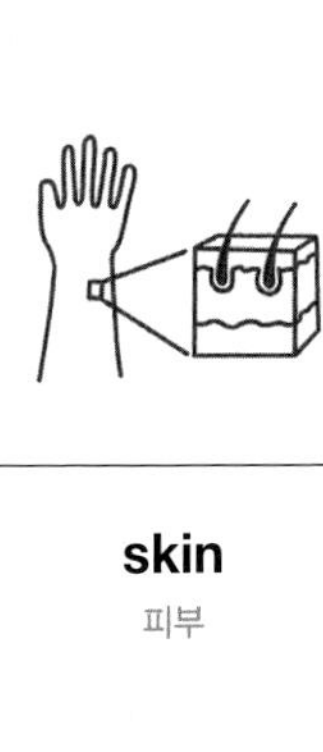

skin
피부

face
얼굴

body
몸

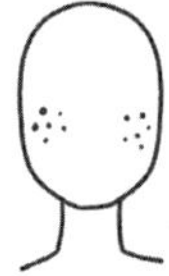

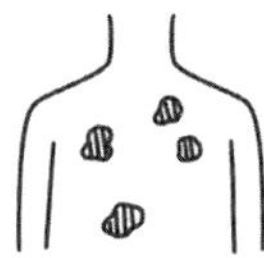

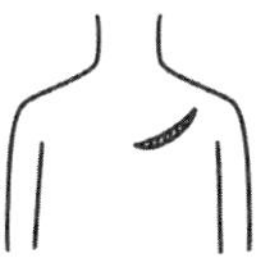

pimple
여드름

hives
두드러기

wound
상처

turn red
붉어지다

swell
붓다

itch
가렵다

충치는 영어로 cavity이지만, 실생활에서는 decayed tooth(썩은 이), 더 직관적으로 bad tooth(안 좋은 치아)라고 부르기도 해요. 치과에서 'cavity'라는 단어가 떠오르지 않으면 이렇게 말하면 되겠죠?

32

땅콩 알레르기가 있어요.

I'm allergic to peanuts.

갑작스러운 통증이 생기거나, 사고를 당하거나, 당황한 상황에서도 제대로 치료를 받으려면 응급실 관련 회화 표현들을 익혀 둬야겠죠? 이번에 소개하는 필수 문장만 머릿속에 저장해 둬도 어디가 어떻게 아픈지, 어쩌다 이런 사고를 당했는지 정확하게 설명할 수 있을 거예요.

I'm allergic to peanuts,
but I accidentally ate one.

I itch all over my body,
and it's hard to breathe.

You have to get a shot
right now.

Thank you.
It's getting better.

A 땅콩 알레르기가 있는데 실수로 먹었어요.

A 온몸이 가렵고 숨 쉬기가 힘들어요.

B 지금 당장 주사를 맞으셔야 합니다.

A (링거를 맞으며 누워서) 감사합니다. 점점 좋아지고 있어요.

무조건 쓰게 되는 핵심 회화 표현

You look pale.

안색이 안 좋으신데요.

It's hard to breathe.

숨 쉬기가 힘들어요.

활용도 100% 현지 표현

▶ I got a burn from fireworks.
불꽃놀이를 하다가 화상을 입었어요.

▶ I'm dying from sudden stomach pain.
배가 갑자기 아파서 죽을 것 같아요.

▶ I was bitten on the leg by a dog.
개한테 다리를 물렸어요.

▶ My ears are ringing, and I have a massive headache.
귀가 울리고 머리가 깨질 듯이 아파요.

▶ I cut my finger on a knife.
칼에 손가락을 베였어요.

▶ Do I need to get stitches?
꿰매야 할까요?

▶ I'm allergic to peanuts, but I accidentally ate one.
땅콩 알레르기가 있는데 실수로 먹었어요.

우리가 '링거'라고 부르는 수액 주사는 영어로 ringer가 아닌 intravenous라고 합니다. 줄여서 IV라고 부를 때가 더 많아요.

한눈에 익히는 필수 단어

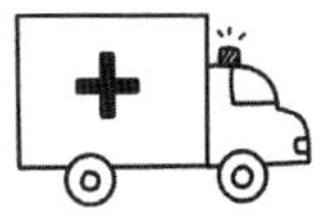

ambulance
구급차

get burned
화상을 입다

cut
베다

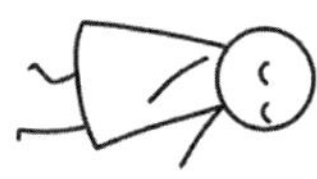

bleed
피를 흘리다

stitch
꿰매다

faint
기절하다

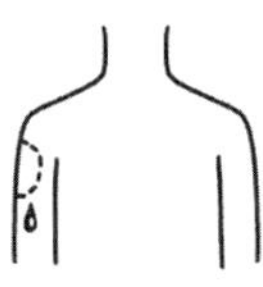

vomit
구토하다

diarrhea
설사

get bitten
물리다

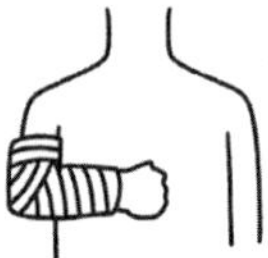

breathe
숨을 쉬다

fracture
골절

cast
깁스

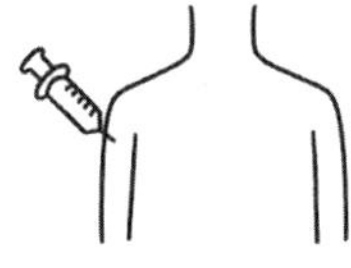

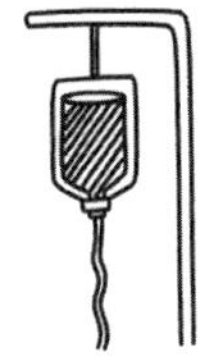

allergy
알레르기

get a shot
주사를 맞다

IV(intravenous)
링거

painkiller
진통제

traffic accident
교통사고

fall
추락하다

어떤 상황을 수동적인 입장에서 당하게 될 때 'get'이라는 단어를 많이 사용해요. get burned는 화상을 '입는' 거고 get bitten은 물림을 '당한' 거죠.

체중을 좀 줄여야 할 것 같아요.

I think I have to lose some weight.

치료도 중요하지만, 역시 평소에 건강 관리를 통해서 예방을 하는 게 최선이죠! 헬스클럽에서 운동을 하며 체력을 키워 보는 건 어떨까요? 회원 등록부터 개인 트레이너 요청은 물론 체중과 근육에 대한 고민 상담까지, 헬스클럽에서 활용할 수 있는 표현들을 함께 배워 봐요!

A 제 개인 트레이너시군요. 만나서 반가워요.

A 체중을 좀 줄여야 할 것 같아요.

B 아니요. 체중을 줄일 필요는 없을 것 같아요.

B 그 대신 근육을 키워 보는 건 어떨까요?

쓸모 있는 핵심 표현

무조건 쓰게 되는 핵심 회화 표현

How may I help you?
어떻게 도와드릴까요?

I'd like to sign up for a membership.
회원 등록을 하고 싶어요.

활용도 100% 현지 표현

▶ Can I request a personal trainer?
개인 트레이너를 요청할 수 있을까요?

▶ I want to build muscle.
근육을 키우고 싶어요.

▶ I think I have to lose some weight.
체중을 좀 줄여야 할 것 같아요.

▶ How do I use this equipment?
이 기구는 어떻게 사용하는 거죠?

▶ It is too heavy.
너무 무거워요.

▶ I will do some aerobic exercise today.
오늘은 유산소 운동을 할 거예요.

▶ I have been doing weight training for two years.
2년 동안 웨이트 트레이닝을 했어요.

기구가 갖춰진 체육 시설은 health club이 아니라 gymnasium이라고 해요. 줄여서 gym이라고 부르는 경우가 더 많답니다.

☑ 한눈에 익히는 필수 단어

gym
헬스클럽

build muscle
근육을 키우다

personal trainer
개인 트레이너

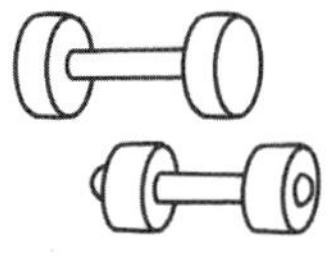

dumbbell
아령

lift
들다

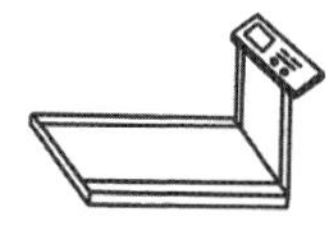

treadmill
러닝머신

light
가벼운

heavy
무거운

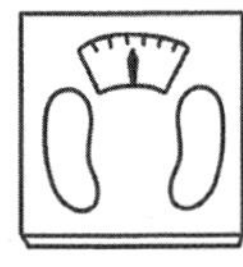

weight
무게(체중)

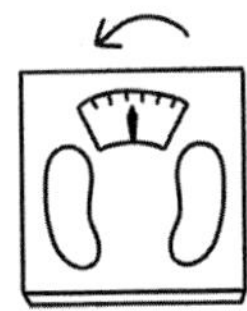
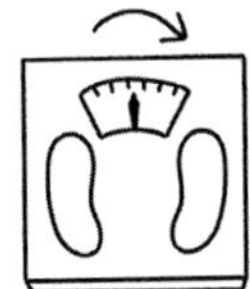

lose
줄다

gain
늘다

diet
식이요법

running
달리기

pull-ups
턱걸이

sit-ups
윗몸 일으키기

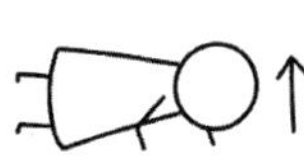

push-ups
팔굽혀펴기

jump rope
줄넘기

stretch
스트레칭

보통 '다이어트 = 체중 감량'이라고 생각하죠. 하지만 diet는 '식이요법'이라는 뜻으로 'diet'를 하고 있다고 한다면 꼭 체중 감량이 아니라 건강, 가치관 등을 이유로 식단을 조절한다는 의미일 수 있어요.

무용 수업에 등록하러 왔어요.

I'm here to enroll in a dance class.

외국어 공부부터 춤이나 운동 같은 취미 생활까지, 학원 등록에 필요한 핵심 표현들을 익혀두면 해외에서도 자유롭게 할 수 있어요. 수업 스케줄을 확인하는 기본적인 질문부터 내게 꼭 맞는 정확한 레벨 확인까지 알아보도록 하겠습니다.

A 안녕하세요. 무용 수업에 등록하러 왔어요.

A 저는 초급 수준인데요. **B** 걱정 마세요.

B 우리는 모든 레벨 수업을 갖추고 있거든요. 처음부터 배우실 수 있어요.

A 개인 수업을 받을 수 있을까요? **B** 물론이죠.

쓸모 있는 핵심 표현

무조건 쓰게 되는 핵심 회화 표현

I'm here to enroll in a tennis class.

테니스 클래스에 등록하러 왔어요.

Is this your first visit?

처음 방문하신 것인가요?

활용도 100% 현지 표현

▶ I am a beginner.

저는 초급 수준이에요.

▶ Which course would be good for me?

저한테는 어떤 수업이 맞을까요?

▶ Can I get more information about French programs?

프랑스어 수업에 대한 정보를 더 얻을 수 있을까요?

▶ When does the class start?

수업은 언제 시작하나요?

▶ How much is it for a membership?

등록 가격은 얼마인가요?

▶ Do you do automatic bill payment?

자동 납부를 받으시나요?

▶ Would it be possible to speak with the teacher?

선생님과 얘기를 해 볼 수 있을까요?

매달 자동으로 수업료가 빠져 나가는 '자동 납부'는 automatic payment, 또는 recurring payment라고 해요. recurring은 '되풀이 되는'이라는 뜻입니다.

☑ 한눈에 익히는 필수 단어

lesson
수업

private lesson
개인 수업

teacher
선생님

student
학생

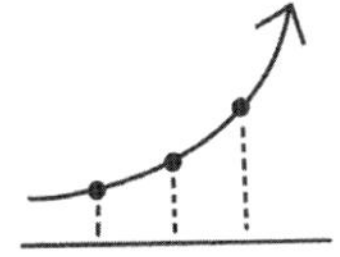

level
수준(레벨)

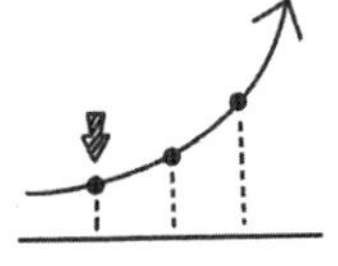

beginner
초급

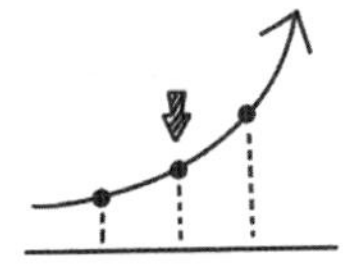

intermediate
중급

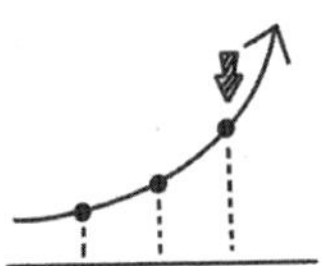

advanced
상급

enroll
등록하다

payment
납부

refund
환불

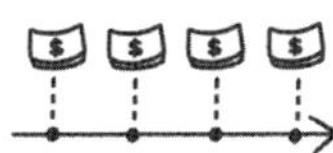

automatic
자동의

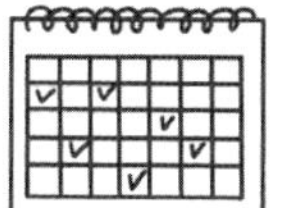

(class) schedule
(수업) 시간표

yoga
요가

painting
그림

sport
운동

dance
무용

foreign language
외국어

은근히 발음하기 까다로운 단어가 level이에요. 중간의 v 발음을 확실히 살리고, 그 뒤에 오는 e는 아예 생략한다고 생각하고 발음해야 합니다. 발음기호 [levl]를 보면 뒷부분의 e는 아예 표시되지도 않았죠?

누가 좀 도와주세요.

I need somebody to help me.

중요한 물건을 도둑맞거나, 일행이 갑자기 사라지거나 하는 등, 해외에서 일어날 수 있는 다양한 위급 상황들이 있죠. 이럴 때 조금이라도 빨리 문제를 해결하려면 신속하게 도움을 요청해야겠죠? 문제를 설명하고 도움을 청하는 데 필요한 회화 표현들을 함께 배워 봅시다.

A (경찰서 문을 열며) 누가 좀 도와주세요.

B 무슨 일이죠?

A 가방을 도둑맞았어요.

B 가방 안에 뭐가 있나요?

A 지갑이랑 여권요.

A 찾으시면 이 번호로 연락해 주세요.

쓸모 있는 핵심 표현

무조건 쓰게 되는 핵심 회화 표현

What happened?

무슨 일이죠?

My bag was stolen.

가방을 도둑맞았어요.

활용도 100% 현지 표현

▶ I need somebody to help me.

누가 좀 도와주세요.

▶ Someone snatched my wallet.

누군가 제 지갑을 채 갔어요.

▶ I've lost my passport.

여권을 잃어버렸어요.

▶ Where should I go to get my passport reissued?

여권을 재발급 받으려면 어디로 가야 하죠?

▶ My friend is missing.

친구가 실종됐어요.

▶ My car suddenly stopped.

차가 갑자기 멈췄어요.

▶ Please call an ambulance.

앰뷸런스를 불러 주세요.

missing은 '실종'이라는 뜻이지만, 휴대폰, 지갑 같은 물건에도 사용할 수 있어요. 'My OO is missing'이라는 표현을 기억해 두면 위급 상황에 도움 요청을 할 수 있습니다.

☑ 한눈에 익히는 필수 단어

help 돕다	**steal** 훔치다	**lose** 잃어버리다

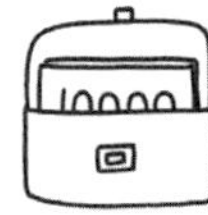

pickpocket 소매치기	**robbery** 강도	**wallet** 지갑

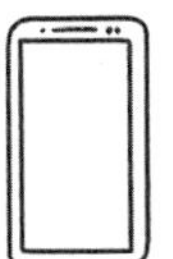

bag 가방	**mobile phone** 휴대폰	**bicycle** 자전거

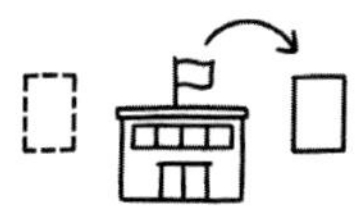

passport
여권

embassy
대사관

reissue
재발급하다

missing
실종

traffic accident
교통사고

lost and found office
분실물 보관소

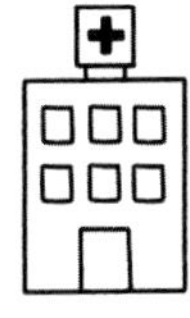

police office
경찰서

hospital
병원

ambulance
앰뷸런스

'분실물 보관소'를 뜻하는 lost and found office는 줄여서 lost and found라고도 합니다. lost property office라고 해도 통하는데, 이 표현은 영국에서 더 많이 사용합니다.

Review

Unit 31~35

핵심 표현 리뷰

다음 주어진 우리말을 영어로 말해 보세요.

1 잇몸에서 피가 나요.

2 스케일링을 받을 수 있을까요?

3 숨 쉬기가 힘들어요.

4 칼에 손가락을 베였어요.

5 근육을 키우고 싶어요.

6 이 기구는 어떻게 사용하는 거죠?

7 저는 초급 수준이에요.

8 등록 가격은 얼마인가요?

9 가방을 도둑맞았어요.

10 친구가 실종됐어요.

정답 01 My gums are bleeding. 02 Can I get my teeth cleaned? 03 It's hard to breathe. 04 I cut my finger on a knife. 05 I want to build muscle. 06 How do I use this equipment? 07 I am a beginner. 08 How much is it for a membership? 09 My bag was stolen. 10 My friend is missing.